AF620703

ÉVÉNEMENTS

DE

L'ILE DE LA RÉUNION

I.k 11
1087

ÉVÉNEMENTS

DE

L'ILE DE LA RÉUNION

PAR

G. DESJARDINS

ÉTUDIANT EN MÉDECINE

ERNEST JALABERT

INGÉNIEUR DES ARTS ET MANUFACTURES

ÉDOUARD LE ROY

ÉTUDIANT EN DROIT

CRÉOLES DE LA RÉUNION

DÉPÔT LÉGAL
Seine
N°
1869

PARIS

LIBRAIRIE DE DUBUISSON ET Cie

5, RUE COQ-HÉRON, 5

1869

SOMMAIRE

Introduction.

I. — Exposition des faits résultant de la réunion des divers documents déjà livrés à la publicité.

1° Rapports des contre-amiraux Dupré et Penhoat.

2° Proclamations et publications officielles faites à Saint-Denis pendant les événements.

3° Compte rendu des notables.

4° Lettre de M. G. Vinson (extrait du *Sémaphore*.)

5° Extrait de la *Gazette de France*.

II. — Extraits textuels de correspondances privées.

III. — Examen et discussion de ces faits, montrant le désaccord qui existe entre les diverses relations unanimes et les rapports officiels.

Conclusion faisant ressortir le vrai caractère de ces manifestations et leurs causes générales.

IV. — Sénatus-consultes de 1854 et 1866 qui règlent l'organisation coloniale.

Pétition exposant les vœux de la population.

INTRODUCTION

A la nouvelle des événements déplorables survenus à l'île de la Réunion, l'opinion publique s'est émue à si juste titre dans toute la France, qu'il était essentiel de chercher à l'éclairer.

En présence des attaques violentes et des insinuations malveillantes reproduites et commentées par certains journaux contre des personnes entourées de l'estime et de la considération générales, dans cette colonie, il était du devoir de leurs compatriotes de donner la plus grande publicité aux documents nombreux qui leur étaient parvenus de tous les points de l'île, et dont l'unanimité protestait en leur faveur.

En même temps, le Corps législatif étant saisi d'une demande d'interpellation sur cette question, il était urgent de déposer entre les mains de MM. les députés un ensemble de ces documents, destinés à faciliter leurs recherches, à éclairer leur opinion, en attendant l'enquête universellement réclamée et que l'autorité ne peut manquer d'ordonner.

Chargés par un grand nombre de nos compatriotes résidant à Paris de procéder à ce travail, nous avons pensé qu'il ne suffisait pas de réunir et de mettre en présence, avec la plus grande impartialité, à la suite des documents les plus sérieux déjà livrés à la publicité, tous les extraits des relations et des correspondances particulières susceptibles d'apporter la lumière sur les faits les plus importants ; nous nous sommes, en outre, attachés à la discussion de ces mêmes faits sur certains points controversés. Nous avons voulu montrer en même temps le véritable caractère de ces événements dus à des causes purement locales.

Enfin, nous publions quelques documents authentiques destinés à présenter un aperçu de la Constitution coloniale, si souvent remaniée, et l'expression des vœux de nos populations déshéritées.

ÉVÉNEMENTS

DE

L'ILE DE LA RÉUNION

I

Exposition des faits résultant de la réunion des Documents déjà livrés à la publicité.

1° DOCUMENTS OFFICIELS

Saint-Denis (île de la Réunion), le 19 décembre 1868.

Monsieur le ministre,

Je viens rendre compte à Votre Excellence de faits profondément regrettables, dont rien ne pouvait faire prévoir l'imminence au départ du courrier du 19 novembre, et qui ont pris en peu de jours assez de gravité pour que l'ordre n'ait pu être rétabli sans que le sang ait coulé dans les rues de Saint-Denis.

Parmi les causes qui ont amené l'état de choses actuel, il faut signaler les excès de la presse locale et les polémiques violentes, notamment du *Journal du commerce* et de la *Malle*, organes extrêmes de l'opinion avancée et de l'opinion religieuse, et d'une feuille clandestine, intitulée le *Cri d'alarme*.

Les premiers troubles ont eu lieu le 29 novembre.

Depuis l'arrivée dans la colonie d'un sieur Buet, nouveau rédacteur en chef du journal la *Malle*, ce journal déjà trop vif prit des allures de polémique de plus en plus irritantes et provoquantes, jusqu'au jour où le bruit se répandit dans la ville que le sieur Buet se serait rendu coupable d'un attentat à la pudeur sur un jeune créole, dont la famille lui avait offert l'hospitalité.

Le 29 novembre, deux cent cinquante jeunes gens environ, suivis bientôt d'un assez grand nombre de curieux, se sont transportés devant la demeure de M. Buet, absent de son domicile ; de là au collége des jésuites, devant l'évêché et à la Direction de l'intérieur, en criant : « A bas Buet, à bas les jésuites, à bas le directeur de l'intérieur ! » Cette démonstration tumultueuse s'est dissipée devant les exhortations du maire et du procureur impérial, aidés par la gendarmerie et la police : à dix heures, le calme était rétabli en ville.

Le lendemain 30, vers huit heures et demie du soir, il s'est produit une nouvelle manifestation qui a pris bientôt le caractère d'une émeute.

Après avoir traversé quelques rues aux cris de : A bas Buet ! A bas la *Malle* ! à bas les jésuites ! le rassemblement s'arrêta devant la maison de M. Mottet, notaire principal, propriétaire de la *Malle*, et tenta d'y pénétrer. Les efforts du maire, du procureur impérial, du commissaire central de police, du capitaine de gendarmerie Forcioli, empêchent cette invasion. Le capitaine Forcioli est blessé à la tête par une grosse pierre ; le brigadier Berot, qui se porte à son secours, est atteint au visage par une seconde pierre, qui le renverse grièvement blessé. La foule, un moment apaisée, s'ouvre et fait place au gendarme que l'on porte à l'hôpital. Mais bientôt le tumulte, excité par les meneurs, recommence ; de nouvelles pierres sont lancées ; un second gendarme est contusionné, et les fonctionnaires qui s'efforcent de calmer la foule sont eux-mêmes atteints.

De la maison de M. Mottet, le rassemblement se porte devant l'hôtel de M. le directeur de l'intérieur ; quelques agitateurs, proférant contre ce fonctionnaire des menaces violentes, tentent de s'introduire de vive force dans l'hôtel. Pendant que les mêmes fonctionnaires s'efforcent de les arrêter, on vient me prévenir du caractère que prend la sédition. Je donne ordre au colonel Massaroli de faire sortir une compagnie et de la masser dans une des rues adjacentes, et je me rends moi-même sur le lieu du tumulte, accompagné du commandant de la gendarmerie de Bouyn et d'un peloton de gendarmes à cheval.

Je suis assez heureux pour me faire écouter par cette foule en démence, pour lui faire comprendre combien était inutile, coupable et dangereuse, la manifestation séditieuse à laquelle elle se livrait, et pour la décider à se dissiper.

Des cris de « vive l'Empereur, vive le gouverneur, » répondent à ma courte harangue, et les personnes qui m'entouraient me demandent la permission de me reconduire jusqu'au gouvernement.

Je m'y rendais, quand on vient m'annoncer que des désordres plus graves avaient lieu au Collége des jésuites, dont les entrées avaient été forcées, et où un commencement de pillage était organisé.

Je fis donner contre-ordre à la compagnie que j'avais renvoyée à la caserne, et qui suivit mes mouvements par des rues parallèles.

Je me portai de ma personne sur le lieu du désordre, toujours escorté par le même flot de population, qui protestait de son désir de contribuer à rétablir la tranquillité.

Le commandant de Bouyn et les gendarmes s'étaient, à la première nouvelle de ce second rassemblement, portés au galop au Collége des Jésuites ; le commandant, arrivé le premier avec son ordonnance, fut assailli par une grêle de pierres et contusionné. Il fut dégagé par le capitaine Forcioli, blessé déjà à la tête, qui, accourant avec le gros du peloton, chargea sans faire usage des armes. C'est alors que j'arrivai pour haranguer de nouveau la foule, qui, cette fois encore, docile à ma voix, se dispersa en partie.

Un cortége considérable me suivit à la Providence, qu'on me disait être également menacée. La Providence est un vaste établissement confié à des Pères du Saint-Esprit et renfermant à la fois un hospice pour les vieillards, un pénitencier et une école professionnelle. C'est contre cette école, considérée comme faisant une concurrence écrasante à l'industrie particulière, que se portait, me disait-on, un nombreux rassemblement. Un brigadier de gendarmerie, envoyé en reconnaissance, vint me rendre compte que tout y était tranquille, que le lieutenant-colonel Massaroli occupait, avec la compagnie d'infanterie, la grande avenue de l'établissement, et qu'il n'avait pas été inquiété.

Je retournai sur mes pas, convaincu que tout était terminé, et c'est le lendemain matin seulement que j'appris que, après mon départ, des bandes s'étaient reformées sur l'arrière de mon cortége et s'étaient portées sur la Providence où elles avaient été arrêtées et repoussés par la compagnie commandée par le capitaine Colin. Dans cet engagement, la troupe, assaillie de nouveau à coups de pierres, avait montré encore la modération la plus exemplaire. Trois hommes avaient été blessés ou contusionnés dans les rangs; un seul émeutier avait reçu deux coups de baïonnette, et huit arrestations avaient été faites.

Vers une heure du matin, sans nouvel emploi de la force, tous les attroupements étaient dispersés.

Pendant la journée du 1er décembre, j'appris que le désordre devait recommencer avec plus de gravité dans la soirée.

Des dispositions militaires furent prises en conséquence; l'artillerie devait concourir au maintien de l'ordre avec l'infanterie.

J'appris dans la soirée que deux réunions nombreuses, mais d'un caractère pacifique, avaient eu lieu, et à sept heures, on m'annonça une députation de quatre personnes qui venaient me rendre compte que, dans ces réunions, on s'était occupé de formuler les vœux de la population pour me les transmettre le lendemain ou le surlendemain, et me demander de faire remettre en liberté les individus arrêtés dans la nuit au collége des jésuites et à la Providence.

Je répondis nettement que cette mesure était impossible, que la justice seule pouvait faire relâcher ces individus, si elle constatait que leur arrestation avait été illégale; que, quant aux vœux qui devaient être exprimés, s'ils l'étaient pacifiquement, convenablement, je les examinerais et les transmettrais, s'il y avait lieu, au gouvernement métropolitain.

La nuit fut calme.

Le 2 au matin, je donnai l'ordre au commandant de la milice de convoquer pour cinq heures du soir les citoyens qui en font partie. Je comptais les passer en revue et m'assurer si je pourrais les employer utilement au rétablissement de l'ordre dans la ville. Malheureusement mes ordres ont été imparfaitement exécutés, et j'ai dû provoquer immédiatement la démission du commandant des milices. D'un autre côté, les agitateurs, redoutant le concours que ce corps pouvait donner à la cause de l'ordre, firent courir le bruit que l'on ne convoquait la milice que pour la désarmer.

A quatre heures de l'après-midi, on me rend compte qu'un

attroupement mal disposé se forme devant l'Hôtel de ville. Je m'y rends sur-le-champ pour démentir les bruits perfides et demander à tous ceux qui étaient réunis autour de moi quel était celui d'entre eux qui oserait m'accuser de trahison. Je protestai de ma confiance dans la milice, à laquelle je donnai de nouveau rendez-vous à sept heures et demie du soir, pour la faire participer à la garde de la cité et au maintien de la tranquillité.

A sept heures et demie, on m'annonça que la milice ne se réunissait pas, mais que le nombre des agitateurs grossissait devant l'Hôtel de ville. Les troupes prirent position, deux compagnies et deux obusiers derrière l'Hôtel de ville, une compagnie à la Providence, 140 hommes répartis entre le Collége des Jésuites, la place et la prison, et la gendarmerie au Gouvernement.

A huit heures, le directeur de l'intérieur, le maire, le procureur impérial, le commissaire central et le lieutenant-colonel Massaroli, qui m'envoya, vers neuf heures, le capitaine adjudant-major Aune, pour me prévenir que la modération, prise pour de la faiblesse, ne faisait qu'irriter davantage la foule et que le moment lui semblait venu de faire faire les sommations. Déjà on voyait apparaître l'élément de la population noire qui eût pu déterminer de désastreuses conséquences. J'envoyai aussitôt le capitaine Lambert, mon aide de camp, pour s'assurer de la situation et m'en rendre compte.

Pendant qu'il remplissait sa mission, le directeur de l'intérieur vint en personne me dire qu'il était temps de faire les sommations, devant lesquelles l'émeute se dissiperait probablement, tandis que, si on tardait, la dispersion deviendrait plus difficile. Je me disposais à l'accompagner, bien qu'il me suppliât de n'en rien faire, quand mon aide de camp revint confirmer les appréciations précédentes, et joindre ses prières à celles du directeur de l'intérieur, pour me décider à rester au Gouvernement, afin d'aviser suivant la tournure que prendraient les événements. Je donnai l'ordre de faire faire les sommations, et le directeur de l'intérieur retourna à l'Hôtel de ville, où les menaces les plus ardentes, les cris les plus séditieux s'élevaient de tous les points du rassemblement, qui occupait toute la rue de Paris, au-dessus et au-dessous de l'Hôtel de ville.

Le maire, M. Gibert des Molières, dans ces graves circonstances, fut à la hauteur de la situation et sut remplir son devoir avec une fermeté tempérée par ses sentiments pour ses compatriotes égarés. Après chaque sommation faite lentement et à très-haute voix, le maire pénétrait dans la foule, adjurait ses concitoyens de se retirer. Les fonctionnaires présents, le colonel, le commandant Marvereaux, le capitaine Lambert, joignaient leurs exhortations, leurs instances à celles du premier magistrat de la cité.

Tout fut inutile : les vociférations et les menaces des émeutiers continuaient plus furieuses. Après une demi-heure écoulée, entre le moment où l'ordre fut donné au maire de procéder aux sommations légales et celui où l'autorité civile se retira, la troupe dut remplir son triste devoir. La colonne se mit en marche, au pas, l'arme sur l'épaule, refoulant lentement le rassemblement, qui ne cédait le terrain que pied à pied, puis elle accéléra le pas.

La tête de colonne, remontant la rue de Paris, était arrivée à 200 mètres environ de l'Hôtel de ville, quand deux coups de feu furent tirés sur la troupe, l'un de l'angle ouest de la rue de la Réunion et l'autre du jardin de Mme Arthur Lory, à l'angle opposé de cette même rue avec la rue de Paris. Une grêle de pierres assaillit en même temps la troupe.

Le caporal Moreau fut blessé d'un des coups de feu, le lieutenant Dodds, d'un coup de pierre. C'est alors qu'un soldat de la tête tira son coup de carabine, qui fut suivi de plusieurs autres avant que le commandant Marvereaux fît cesser le feu.

Quelques autres coups de carabines, provoqués par une grêle de pierres, furent tirés à la hauteur de la rue Saint-Denis, et furent arrêtés par la sonnerie de cesser le feu, commandée par le capitaine Lambert.

L'émeute, après cela, quitta la rue de Paris, pour se réfugier dans les rues perpendiculaires, où quelques coups de fusils, motivés par une attaque dirigée contre un clairon envoyé en ordonnance par le colonel, furent tirés dans les rues de l'Église et de Labourdonnais.

Le calme se rétablit enfin dans la ville, où les troupes bivouaquèrent néanmoins jusqu'à quatre heures du matin.

Du côté de l'insurrection, on a constaté six morts et une vingtaine de blessés. Dans les rangs, un officier, trois soldats blessés, qui, joints à ceux atteints dans la soirée du 30 novembre, en portent le nombre à deux officiers, cinq gendarmes et sept soldats d'infanterie de marine.

Pendant ces tristes luttes, j'avais réuni dans la salle du conseil privé tous ceux de mes conseillers présents au Gouvernement. La question de l'état de siége avait été déjà pesée au sein du conseil, qui s'était montré unanimement d'avis qu'il ne fallait pas hésiter à le proclamer si le désordre continuait ou s'aggravait. Aussi, dans la nuit du 2 au 3, la question fut-elle décidée d'emblée, et la discussion ne porta que sur les formalités avec lesquelles la déclaration devait être faite. L'avis du conseil fut qu'il y avait lieu de se conformer aux prescriptions de l'article 12, paragraphe 3 de l'ordonnance organique de 1825. Le conseil de défense, convoqué en conséquence, pour le 3 décembre, à sept heures du matin, adopta sans hésiter la proposition que je lui fis, et l'état de siége fut proclamé dans la matinée.

La gravité de la circonstance, l'attitude hésitante, jusque-là, de la population, l'effectif insuffisant de la garnison, trop peu nombreuse pour maintenir l'ordre si l'agitation persistait, enfin la crainte de voir cette agitation se propager dans les communes de l'Ile, si elle n'était promptement réprimée au chef-lieu, et l'absolue impossibilité où je me serais trouvé de diviser mon petit noyau de troupes, me faisaient un devoir impérieux de recourir sans tarder à cette mesure extrême.

Quand la nouvelle s'en répandit dans la ville, elle produisit une émotion indicible parmi les groupes nombreux qui stationnaient dans les rues de Saint-Denis.

L'indifférence et la curiosité des jours précédents commençaient à faire place au sentiment d'un danger public. Quelques personnes vinrent me faire part de ce changement et me promettre que, si je faisais un appel à la milice et à tous les citoyens dévoués à l'ordre, cet appel serait entendu. Les ordres furent donnés aussitôt : la convocation proclamée et affichée partout. Mon incertitude fut de courte durée ; je sus bientôt qu'une foule de jeunes gens, de pères de famille, se faisaient inscrire à la mairie et allaient y prendre les armes.

La milice, de son côté, répondit à mon appel, et lorsque je me rendis, le 3 décembre, à quatre heures et demie, au jardin de l'Etat, j'eus la satisfaction profonde d'y voir réunie sous les armes la grande majorité de la population de Saint-Denis, qui répondit par des acclamations à la confiance que je mettais en elle et dans son nouveau commandant, M. Bouillier, ancien capitaine adjudant-major d'infanterie de marine. Cette réunion, qui permit aux défenseurs de l'ordre et aux fauteurs de trouble de se compter, eut sur la suite des événements la plus heureuse influence. Des ordres furent donnés aussitôt pour la formation des postes et l'organisation du service de nuit confié en entier à la milice. La garnison, fatiguée par les événements des nuits précédentes, n'eut plus à garder que ses postes habituels, momentanément renforcés.

Depuis ce moment, l'ordre n'a plus été troublé dans la rue. Mais l'agitation des esprits persistait et se traduisait par les bruits les plus étranges et les plus hostiles à la plupart des personnes qui, à raison de leurs fonctions, s'étaient trouvées mêlées aux mesures de répression.

Le 4, la corvette cuirassée la *Belliqueuse* mouilla devant la ville, et l'amiral Penhoat, informé de la situation, s'empressa de mettre à ma disposition les forces placées sous son commandement. Jusqu'à présent, je n'ai point eu à en faire usage. Je pense que la récente arrivée du *Volta* me permettra de rendre sa liberté d'action à l'amiral, qui doit se rendre aux Camores et à Zanzibar.

M. le directeur de l'intérieur, dont la santé était depuis longtemps ébranlée, a été autorisé par moi à prendre un congé et à se rendre en France.

Le 8, je fis paraître les nominations de MM. de Keating et d'Esménard aux fonctions de directeur de l'intérieur et de secrétaire général par intérim. Je nommais, en même temps, deux commissions pour étudier, l'une les réformes à apporter au régime de l'école professionnelle de la Providence, l'autre un projet de réorganisation de l'assistance publique.

La tranquillité extérieure qui règne depuis la proclamation de l'état de siége m'a permis de me relâcher des mesures rigoureuses que j'avais dû ordonner dans le principe. La libre circulation a été rétablie par arrêté du 8 décembre, et, le 25, les journaux ont été autorisés à reprendre le cours de leurs publications, sous les réserves nécessaires.

Il ne me reste plus qu'à signaler les personnes qui se sont fait remarquer par leur courage civique ou leurs qualités militaires pendant ces tristes événements.

Je dois citer en première ligne M. Gibert des Molières, maire de Saint-Denis, qui, pendant ces nuits de trouble, a usé tout ce qu'il avait de modération, de patience et de raison pour faire rentrer dans l'ordre ses concitoyens égarés et qui, au dernier moment, a bravé l'impopularité et les calomnies pour leur faire le suprême appel exigé par la loi. Il a fait son devoir jusqu'au bout :

il l'a fait avec fermeté, lorsque tous les moyens de persuasion eurent échoué.

M. Gibert des Molières a été noblement secondé par le procureur impérial, M. Dejean de La Batie, et par le commissaire central de police, M. Desaïfres; M. Bertho, conseiller privé, a montré dans ces difficiles moments une décision, une fermeté, une rectitude de jugement, une connaissance du pays que j'apprécie hautement.

Enfin, M. Echernier, chef du service de l'enregistrement, m'a rendu aussitôt après les événements et ne cesse de me rendre les services les plus signalés, en dehors de son service spécial, en mettant, sans réserve, à ma disposition ses connaissances administratives si étendues et sa profonde expérience des affaires avec un dévouement dont je lui suis bien reconnaissant.

Dans l'ordre militaire, je dois citer M. le lieutenant-colonel Massaroli, commandant d'armes, dont le dévouement ne s'est pas démenti; le commandant Marvereaux, les capitaines Lambert, Collin, le lieutenant Dodds, les sergents-majors Gaudé, Grandin, le sergent Vannier, les caporaux Roumey et Moreau, le sapeur Baubatier, dans l'infanterie de marine; le capitaine Billès, le sergent Mathis et le fusillier Héry; le lieutenant Monti dans l'artillerie; enfin, dans la gendarmerie, qui a montré dans ces tristes événements une modération, une patience exemplaire, et dont l'attitude aurait dû rendre inutile l'emploi de la force, si cette extrémité avait pu être évitée: le brave commandant de Bouyn, le capitaine Forcioli qui, quoique blessé grièvement à la tête, n'a pas voulu descendre de cheval et a payé jusqu'au bout de sa personne; le maréchal des logis chef Vuillot, les brigadiers Rérot, Hennequin et les gendarmes Errecalt, Cosson, Legouallec, Schtélin, Sentiniès, Austray, Payen et Seigneuret, dont les deux derniers ont dispersé, par leur attitude ferme et leur détermination, sans faire usage de leurs armes, deux rassemblements nombreux de pillards qui s'étaient organisés dans les faubourgs et commençaient à saccager deux boutiques.

Je prie instamment Votre Excellence de vouloir bien accueillir favorablement une demande de récompense, que je vous adresse par dépêche spéciale (personnel-troupes), en faveur d'une partie de ces braves militaires.

Veuillez agréer...

Le contre-amiral, gouverneur,

DUPRÉ.

Corvette cuirassée la *Belliqueuse*,

Saint-Denis, le 19 décembre 1868.

Monsieur le ministre,

Ainsi que j'ai eu l'honneur de l'annoncer à Votre Excellence dans ma lettre précédente, la *Belliqueuse* a appareillé de Port-Louis (île Maurice), le 3 décembre, vers trois heures de l'après-midi, et a pris le mouillage de Saint-Denis vers onze heures du matin.

J'ai trouvé Saint-Denis en état de siége. Des événements graves venaient de s'y passer. Le 2 décembre, une émeute n'avait pu être dispersée que par l'emploi de la force.

Dès mon arrivée, j'ai proposé à M. le contre-amiral Dupré le concours des forces placées sous mon commandement, pour aider à maintenir l'ordre dans la ville ; de son côté, M. le contre-amiral gouverneur, m'informait que la tranquillité et la sécurité publique étaient gravement compromises dans l'île, et que les troupes dont il disposait lui paraissaient insuffisantes pour qu'il pût répondre du prompt rétablissement de l'ordre.

En conséquence, les compagnies de débarquement de la *Belliqueuse* et de l'*Indre* furent mises à la disposition du gouverneur ; mais, afin d'éviter de donner à la population des motifs d'inquiétude qui auraient peut-être contribué à entretenir dans l'île de l'agitation, il fut décidé d'un commun accord qu'elles ne quitteraient le bord qu'au dernier moment. Il suffisait que l'on sût qu'elles étaient prêtes à marcher au premier signal.

La milice et un corps de volontaires qui s'étaient organisés spontanément avaient, du reste, pris le service des postes nombreux établis dans la ville, ce qui avait permis aux troupes de prendre le repos qui leur était nécessaire et de n'occuper qu'un certain nombre de postes de choix, en rapport avec leur effectif. Ainsi, la milice, les volontaires, les troupes de la garnison et une réserve en rade prête à marcher, ont présenté un ensemble de forces qui a contribué à ramener la confiance et à rétablir la tranquillité.

Les troubles, fort heureusement, ne se sont pas propagés dans l'île, et les tentatives faites pour amener des protestations contre les actes de répression qui avaient dispersé l'émeute, n'ont pas eu tout l'effet que leurs promoteurs en attendaient.

La partie intelligente de la population commence à comprendre que les scènes de désordre qui ont eu lieu à Saint-Denis auraient, si on ne les avait pas arrêtées à temps, causé de très-grands malheurs, parce que la population noire de toute provenance aurait fini par y prendre part.

Quelles sont les causes qui ont amené les désordres? La misère d'abord, qui a rendu la population accessible aux plus mauvais conseils.

Votre Excellence connait les pertes considérables éprouvées par cette colonie à la suite de plusieurs années d'une sécheresse exceptionnelle et de la maladie des cannes. Elle sait que six récoltes successives n'ont produit chacune que moins de deux tiers environ d'une récolte moyenne.

Par suite de cet état de choses, la misère est grande dans les populations, mais il faut dire cependant que cet état de misère est relatif, car la nourriture ne fait jamais défaut, et quant aux vêtements, ils ne sont jamais coûteux.

Cependant, les privations sont très-grandes dans la plupart des familles qui n'ont pas su ménager leurs ressources, et bon nombre de propriétés grevées d'hypothèques et hors d'état de faire valoir faute de crédit, sont mises en vente et subissent une énorme dépréciation.

Des meneurs ont profité de la détresse publique pour organiser des démonstrations, sous des prétextes plus ou moins spécieux, et ces démonstrations, qui chaque jour devenaient plus audacieuses, devaient fatalement aboutir à une répression violente.

Il existait depuis quelque temps, dans l'île, un journal clandestin, le *Cri d'alarme*. L'insolence de sa rédaction et les attaques qu'il ne cessait de diriger contre les personnes les plus respectables de la colonie, prouvaient surabondamment que des gens mal intentionnés voulaient fomenter des désordres.

Deux autres journaux rivaux, la *Malle* et le *Commerce*, le premier, représentant de ce que l'on appelle ici l'opinion cléricale; le second, attaquant le clergé avec une certaine violence, sous la couleur d'un libéralisme suspect, entretenaient une polémique très-passionnée, qui contribuait à développer dans la population une sourde fermentation.

Je ne saurais assurer que ces causes soient les seules qui aient amené les troubles qui ont éclaté à Saint-Denis, mais elles ont certainement contribué à les fomenter. Toutefois, je ne donne à Votre Excellence que sous toutes réserves mon opinion à ce sujet; j'ai trop peu connu les hommes et les choses pendant mon court séjour à Saint-Denis pour émettre des opinions affirmatives, et je me garderai d'exposer à Votre Excellence les opinions contraires des deux partis.

En ce qui concerne l'exposé des faits relatifs aux désordres qui ont eu lieu à Saint-Denis, je serai plus affirmatif, et je puis garantir à Votre Excellence l'exactitude de ce qui suit :

Le 29 novembre, vers huit heures du soir, éclate une première manifestation dirigée contre le sieur Buet, rédacteur du journal la *Malle*, qu'on accusait d'attentat à la pudeur.

L'attroupement, composé en grande partie de jeunes gens de la ville, fut dissipé facilement par la persuasion.

Le lendemain, à la même heure, il se formait deux nouveaux attroupements, et cette fois ils avaient changé de caractère; l'un d'eux, dans la rue de Paris, menaçait d'enfoncer la porte de M. le directeur de l'intérieur.

Les gendarmes envoyés pour rétablir l'ordre, M. le capitaine Forcioli, tout le premier, étaient atteints de pierres : deux furent blessés grièvement et transportés à l'hôpital.

Le gouverneur, ému de ce qui se passait, et voulant épuiser tous les moyens de conciliation avant d'avoir recours à la force, se rendit sur les lieux, et sa parole parvint à dissiper le rassemblement.

Le gouverneur rentrait, quand on vint l'avertir qu'une autre bande avait entièrement saccagé l'établissement des Pères jésuites.

Le commandant, le capitaine de gendarmerie et les quelques hommes dont ils disposaient y avaient été plus ou moins grièvement blessés par la population ameutée. Le gouverneur se porta sur ce point et parvint encore à faire rentrer dans l'ordre ces gens égarés. Pourtant, en se retirant, quelques-uns des plus malintentionnés se portèrent sur l'établissement des Pères maristes de la Providence, et ils s'y seraient certainement portés à des extrémités fâcheuses s'ils n'y avaient trouvé, pour les y recevoir, un peloton de 100 hommes d'infanterie de marine, qui dut repousser par la force ces assaillants. Plusieurs soldats furent blessés; un seul émeutier fut atteint; quelques-uns furent saisis des pierres à la main et conduits au poste de la place.

Le lendemain, 1er décembre, l'émeute sembla se calmer, mais pour recommencer le soir du 2 décembre, devant l'Hôtel de ville, avec plus d'acharnement que jamais.

Tous les moyens de conciliation furent vainement épuisés, on n'y répondit que par des pierres et des injures, et la troupe dut agir pour le rétablissement de l'ordre.

Après les sommations exigées par la loi, l'infanterie de marine se porta en avant pour dissiper l'attroupement par la force.

Avec la modération et le calme dont elle n'avait cessé de faire preuve, malgré la grêle de pierres dont elle était assaillie, la troupe allait, sans avoir recours à des moyens de rigueur, dissiper le rassemblement, quand les assaillants, dont quelques-uns était armés, tirèrent sur elle trois ou quatre coups de feu. Un caporal fut blessé à la main. Dès lors les soldats, poussés à bout, ripostèrent, et force ne put rester à la loi sans l'effusion du sang.

Cinq personnes furent tuées.

Une quinzaine blessées.

Dans la gendarmerie et dans l'infanterie de marine, il y eut trois officiers et une quinzaine d'hommes blessés.

Le lendemain matin, le gouverneur dut proclamer l'état de siége. En même temps il parvenait à rassembler la milice qui, tenue jusque-là par des meneurs en état de défiance, n'avait pu se réunir.

En outre, il s'organisait un corps de volontaires composé de l'élite des habitants de la ville.

Grâce au concours de la partie saine de la population, l'ordre se rétablit dans la rue. Pourtant, il ne faut pas se le dissimuler, des ferments de désordres ont été semés parmi la population, et le temps seul pourra les apaiser.

Ainsi que j'ai l'honneur de l'exposer à Votre Excellence en commençant cette dépêche, j'ai été informé d'une partie de ces événements à Maurice, le 2 décembre, par le packet des messageries impériales *l'Erimanthe*, et je me suis empressé d'appareiller le 3 pour me rendre à Saint-Denis (Réunion).

L'effet moral produit par l'arrivée inopinée de *la Belliqueuse* a été très-grand et a eu pour effet d'intimider les meneurs.

A ce moment, la colonie se trouvait dégarnie de bâtiments, la *Somme* était partie, le 27, pour Chandernagor; l'*Indre* était seule au mouillage, et l'arrivée de la *Belliqueuse* a permis de l'expédier pour faire le courrier de Madagascar et de Sainte-Marie.

Le 9, l'aviso de 2e classe le *Volta* a mouillé sur la rade.

Malgré les instructions que M. le commandant Gizolme avait laissées pour le commandant du *Volta*, et qui lui prescrivaient d'aller rejoindre son pavillon à Aden, j'ai jugé convenable de retenir le *Volta* jusqu'à ce que le rétablissement de l'ordre permît à chaque bâtiment de suivre sa destination.

Le 12, le transport l'*Orne*, venant de Saïgon, a mouillé sur la rade. Ce bâtiment a appareillé le 15, pour effectuer son retour en France.

Enfin, monsieur le ministre, la tranquillité se rétablissant progressivement à Saint-Denis, il est probable que je pourrai partir vers le 20, pour me rendre à Mayotte, et accomplir la mission que Votre Excellence a bien voulu me confier,

J'écris au commandant Gizolme, par ce courrier, pour le prier de venir en toute hâte à Saint-Denis.

Je suis, etc.

Le contre-amiral, commandant en chef,

PENHOAT.

Le contre-amiral n'arrive à Saint-Denis qu'après le 3 décembre ; les événements sont accomplis : c'est la seule réflexion dont nous ferons suivre ce rapport.

Le *Journal officiel* de la Réunion publie les pièces suivantes :

Habitants de Saint-Denis,

Des citoyens égarés, résistant à toutes les sollicitations d'une autorité paternelle, taxant de faiblesse la répugnance profonde de l'autorité pour le sang versé dans la rue, n'ont pas craint d'attaquer à main armée les troupes réunies pour la défense de l'ordre et le triomphe de la loi.

Le malheur qu'on voulait à tout prix conjurer n'a pu être évité : le sang a coulé dans les rues de Saint Denis.

L'autorité manquerait à son premier devoir si elle ne prenait les mesures les plus sévères pour empêcher le renouvellement de ces criminels désordres.

Elle a déclaré la ville en état de siége et se trouve munie des pouvoirs nécessaires pour arrêter immédiatement tous les agitateurs et fauteurs de troubles. Mais si les mauvais citoyens doivent trembler, que les bons se rassurent! C'est dans l'intérêt de leurs biens, de leurs existences, de l'honneur de leurs familles que cette mesure décisive est prise.

Le gouverneur fait un appel énergique à leur concours actif et à celui de la milice que la marche rapide des événements a empêché de réunir ce matin. Il faut que les hommes de désordre et les amis de l'ordre se comptent. Il faut que ces derniers, en se ralliant hautement à l'autorité, fassent voir où se trouve la majorité, la véritable opinion, et qu'il soit clairement constaté pour chacun que la lutte est désormais impossible.

Saint-Denis, le 3 décembre 1868.

Le gouverneur,
Contre-amiral Dupré,

Miliciens de Saint-Denis,

La rapidité avec laquelle les événements ont marché m'a empêché de vous réunir jusqu'à ce moment, et de vous témoigner hautement toute la confiance que j'ai dans votre dévouement à l'ordre. Il me tarde de vous rassembler autour de moi et de vous faire participer à la garde de vos propriétés et à la protection de vos familles.

Je vous donne rendez-vous à quatre heures au Jardin de l'Etat. Je compte qu'aucun bon citoyen n'y manquera.

Le gouverneur,

Contre-amiral Dupré.

Arrêté

Nous, gouverneur de l'île de la Réunion,

Considérant que, depuis trois jours, des réunions tumultueuses nocturnes ont lieu sur la voie publique; que des attentats contre la sûreté des propriétés et contre la vie des agents de la force armée ont été commis;

Considérant que tous les moyens de conciliation tentés par le chef de la colonie sont demeurés infructueux ;

Qu'une insurrection à main armée a éclaté à Saint-Denis, dans la nuit du 2 au 3 décembre ;

Considérant qu'il existe un péril imminent pour la sécurité intérieure de la ville ;

Vu l'article 12, paragraphes 1er et 3, de l'ordonnance organique du 21 août 1825 ;

Ensemble l'article 4 de la loi du 9 août 1849 ;

Le conseil de défense entendu,

Avons arrêté et arrêtons :

Art. 1er. La commune de Saint-Denis est déclarée en état de siége.

Art. 2. Les tribunaux militaires sont saisis de la connaissance des crimes et délits contre la sûreté de la colonie, contre la Constitution, contre l'ordre et la paix publique, quelle que soit la qualité des auteurs principaux et des complices.

Art. 3. L'autorité militaire est chargée de prendre toutes les mesures énumérées dans l'article 9 de la loi du 9 août 1849.

Art. 4. Le commandant d'armes est chargé de l'exécution du présent arrêté.

Saint-Denis, le 3 décembre 1868.

Contre-amiral

DUPRÉ.

Par le gouverneur :

Le commandant d'armes, lieutenant-colonel,

MASSAROLI.

Nous, lieutenant-colonel, commandant d'armes, chargé, aux termes de l'arrêté de M. le gouverneur, en date de ce jour, de l'exécution dudit arrêté,

Avons arrêté et arrêtons ce qui suit :

Art. 1er. La circulation à pied, en voiture ou à cheval dans les rues de Saint-Denis est, chaque soir, interdite jusqu'à nouvel ordre, à partir de huit heures du soir.

Art. 2. Après huit heures, toute personne rencontrée dans les rues sera immédiatement arrêtée; toutefois, celles qui, par suite d'urgence ou de nécessité impérieuse, seraient obligées d'aller en ville devront être munies d'une lanterne ou fanal allumé.

Art. 3. Les propriétaires et pères de famille sont instamment invités à retenir auprès d'eux leurs enfants et engagés, et à fermer les portes d'entrée et fenêtres de leurs maisons ou emplacements.

Art. 4. Le présent arrêté recevra son exécution à partir de ce jour.

Fait au quartier général, à l'Hôtel de ville, le 3 décembre 1868.

MASSAROLI.

ARRÊTÉ

Nous gouverneur de l'île de la Réunion,

Vu l'art. 9, paragraphe 4, de la loi du 9 août 1849, sur l'état de siége;

Vu notre arrêté en date de ce jour, qui met la commune de Saint-Denis en état de siége;

Vu l'art. 24 du décret du 5 juillet 1863, sur le régime de la presse aux colonies;

Sur le rapport du commandant d'armes,

Le conseil privé entendu,

Avons arrêté et arrêtons :

Art. 1er. Il est interdit aux journaux imprimés à Saint-Denis de publier aucun article ou nouvelle ayant un caractère politique quelconque. Ceux qui contreviendront à cette défense seront immédiatement suspendus, sans préjudice des peines dont ils se rendraient passibles.

Il demeure loisible aux journaux susdits de continuer à publier les annonces judiciaires et légales et tous les avis qui peuvent concerner le commerce et les intérêts privés.

Art. 2. Une interdiction pareille à celle contenue dans l'article qui précède est faite au *Courrier de Saint-Pierre*.

Art. 3. Le commandant d'armes est chargé de l'exécution du présent arrêté, qui sera publié partout où besoin sera.

Saint-Denis, le 3 décembre 1868.

Contre-amiral,
DUPRÉ.

Par le gouverneur :

Le commandant d'armes,
MASSAROLI.

Secrétariat du gouvernement.

La milice a répondu avec promptitude et entrain au rendez-vous que lui donnait M. le gouverneur.

Elle s'est réunie hier, à quatre heures de l'après-midi, au Jardin de l'Etat, où M. le gouverneur l'a passée en revue : un nombre notable de citoyens de bonne volonté grossissait ses rangs.

M. le gouverneur a confié à la milice tous les postes de la ville. Le service, immédiatement organisé, s'est fait avec la plus grande régularité. L'ordre et le calme n'ont pas été troublés ; la tranquillité la plus parfaite n'a cessé de régner pendant toute la nuit.

Saint-Denis, le 4 décembre 1868.

Secrétariat du gouvernement.

Saint-Denis, le 5 décembre 1868.

La tranquillité continue à régner à Saint-Denis.

Les nouvelles des quartiers constatent que l'ordre et le calme n'ont pas été troublés : à Saint-Pierre seulement, quelque émotion venait de se manifester.

Le conseil général s'est réuni hier et a spontanément décidé l'ajournement de ses séances, après avoir voté les voies et moyens provisoires nécessaires à la marche du service jusqu'à prochaine réunion.

Saint-Denis, le 7 décembre 1868.

La tranquillité se maintient à Saint-Denis, où les affaires n'ont pas cessé d'avoir leur cours accoutumé; la milice et les volontaires s'acquittent avec zèle et dévouement de leur fatigant service.

L'autorité militaire a cru pouvoir adoucir les entraves apportées à la circulation des citoyens pendant la nuit.

Les dernières nouvelles reçues annoncent que l'agitation se calme à Saint-Pierre, et que tout est tranquille dans les autres quartiers.

Saint-Denis, le 8 décembre 1868.

Le calme le plus parfait a régné dans tous les quartiers de la ville pendant la nuit dernière.

Des rapports reçus par l'administration, il ressort qu'à Saint-Pierre, à Saint-Benoît et à Saint-André, toute agitation extérieure a complétement cessé, et que le calme se fait aussi dans les esprits.

Les nouvelles sont donc de partout on ne peut plus satisfaisantes.

ARRÊTÉ

Nous, lieutenant-colonel commandant d'armes, chargé, aux termes de l'arrêté de M. le gouverneur en date du 3 décembre courant, de l'exécution dudit arrêté :

Avons arrêté et arrêtons :

Art. 1er. Notre arrêté du 3 décembre courant est rapporté.

Art. 2. La circulation pendant la nuit dans la ville de Saint-Denis est rétablie.

Art. 3. Les stationnements sur la voie publique, ainsi que la circulation de groupes de plus de cinq personnes, sont interdits.

Art. 4. Les propriétaires et pères de famille sont invités à continuer de retenir auprès d'eux leurs enfants et engagés, et à fermer les portes d'entrée de leurs maisons ou emplacements à partir de huit heures du soir.

Art. 5. Le présent arrêté recevra son exécution à partir de ce jour.

Fait au quartier général, à l'hôtel du Gouvernement, le 8 décembre 1868.

Signé : MASSAROLI.

ARRÊTÉ

Nous, gouverneur de l'île de la Réunion ;

Vu l'article 9, paragraphe 4, de la loi du 9 août 1849 sur l'état de siége ;

Vu notre arrêté en date du 3 de ce mois qui met la commune de Saint-Denis en état de siége ;

Vu l'article 21 du décret du 5 juillet 1863, sur le régime de la presse aux colonies ;

Vu notre arrêté du 8 de ce mois portant interdiction aux journaux de la colonie de publier aucun article ou nouvelle ayant un caractère politique quelconque ;

Sur le rapport du commandant d'armes ;

Le conseil privé entendu,

Avons arrêté et arrêtons :

Art. 1er. L'arrêté du 3 décembre relatif à la presse est rapporté.

Art. 2. Les journaux sont autorisés à reprendre le cours de leurs publications sous les réserves suivantes.

Interdiction :

1° De toute attaque contre la Constitution coloniale et contre l'autorité ;

2° De toute allusion aux déplorables événements qui ont motivé la mise en état de siége de la ville de Saint-Denis ;

3° De toute polémique personnelle, irritante, et, en général, de toute discussion qui serait de nature à entretenir l'agitation des esprits.

Art. 3. Le commandant d'armes est chargé de l'exécution du présent arrêté, qui sera publié partout où besoin sera.

Saint-Denis, le 14 décembre 1868.

Signé : Contre-amiral DUPRÉ.

Par le gouverneur :

Le commandant d'armes,

Signé : MASSAROLI.

2° COMPTE RENDU DES NOTABLES

Saint-Denis (Réunion), 19 décembre 1868.

La colonie de la Réunion, déjà cruellement éprouvée par des fléaux de toute sorte, vient de subir les derniers malheurs. Pour la première fois depuis qu'elle est habitée, le sang y a été versé par des mains françaises, et les rues de notre paisible capitale ont eu le terrible spectacle de fusillades accompagnées de charges à la baïonnette. Ce fait inouï dans nos annales porte la date du 2 décembre.

Dès le lendemain des événements qui ont jeté le deuil et l'épouvante dans la ville, les bons citoyens, les hommes de paix et d'ordre ont conçu la pensée de rechercher les causes de ce massacre et les circonstances qui l'ont précédé, accompagné et suivi, afin d'éclairer la conscience publique et de livrer à l'inflexible justice de l'histoire le récit vrai de cette sanglante tragédie.

C'est à la suite d'investigations minutieuses et impartiales que nous avons pu grouper les tristes faits que nous allons raconter. Nous osons compter sur le concours de nos compatriotes d'outre-mer, sur l'aide de nos frères politiques, sur l'appui de tous les hommes de cœur, à quelque nation qu'ils appartiennent, pour donner à cette relation la plus large publicité.

Les sympathies de tous les peuples civilisés apporteront un puissant adoucissement à nos souffrances, et plaideront éloquemment notre cause auprès du gouvernement de l'Empereur.

Pour comprendre les événements qui se sont terminés par le massacre du 2 décembre, il est nécessaire de connaître quelle est la situation politique de l'île de la Réunion, quel y est l'état des esprits, quels partis divisent la population.

Depuis 1850, la colonie, un instant dotée du suffrage universel sous le règne de la République, s'est vue spoliée de tous ses droits politiques. Aux pouvoirs librement élus ont succédé le régime de l'arbitraire et la dictature d'un gouvernement investi des pouvoirs les plus étendus. Le sénatus-consulte de 1854 a consacré cet état de choses. Tout en nous accordant des conseils municipaux et un conseil général, il en a réservé la nomination au pouvoir.

Le sénatus-consulte de 1866 n'a rien changé à ce mode de formation des assemblées locales. Cependant, la population demande depuis longtemps par tous ses organes, par la voix même de ses représentants légaux, par des pétitions au Sénat, le suffrage universel, qui est la base fondamentale de la Constitution impériale.

Il est advenu de ce système de gouvernement ce qui devait en dériver fatalement : que nos finances publiques ont été obérées, que la banqueroute est à nos portes, que les abus sont partout, que la ruine des particuliers a été la conséquence du désastre de l'administration; qu'une misère, voisine de la détresse, a étendu d'un bout à l'autre du pays son funeste niveau.

Il est juste d'ajouter qu'une série de calamités de l'ordre naturel, coups de vent, sécheresses, borer, maladie de la canne, ont compromis nos récoltes pendant plusieurs années consécutives et porté des coups terribles à l'agriculture et au commerce maritime, et on aura une idée exacte de la situation critique de cette malheureuse colonie.

Vainement nous avons poussé des plaintes, vainement le chef de la colonie lui-même a fait entendre des cris de détresse au gouvernement de l'Empereur, nous sommes restés courbés sous notre joug, et impuissants à retirer de l'ornière le char embourbé de la colonie.

Cette situation définie, nous arrivons à la relation des événements des 29 et 30 novembre et du massacre du 2 décembre 1868.

Trois journaux se publient à Saint-Denis (Réunion) : le *Moniteur de l'île de la Réunion*, libéral et modéré; le *Journal du Commerce*, libéral et démocratique ; la *Malle*, organe du parti clérical et des jésuites.

Depuis deux mois environ, la *Malle* avait reçu de France, pour rédacteur en chef, un sieur Charles Buet, ex-rédacteur de l'*Univers*, envoyé ici par M. Louis Veuillot. Sous la signature de cet individu, la *Malle* se livrait aux attaques les plus violentes, les plus grossières, contre tous les membres du parti libéral et démocratique, et ne cessait de les provoquer, malgré le silence dédaigneux qui lui était infligé.

Seul, M. Jugand, professeur de philosophie au lycée, consentit, dans les numéros du *Moniteur de l'île de la Réunion* des 21 et 25 novembre, à discuter avec le sieur Buet, et le 27, M. A. Laserve se borna, dans le *Journal du Commerce*, à qualifier comme elle le méritait la conduite du parti clérical et de son champion.

Sur ces entrefaites, un bruit compromettant pour la moralité du sieur Charles Buet circula à Saint-Denis. Ce fut l'étincelle qui mit le feu aux poudres.

Le 29 novembre, dimanche, à sept heures du soir, une foule compacte se porta sous les fenêtres du sieur Buet, et les cris : *A bas la Malle, à bas les jésuites!* mêlés à des cris plus énergiques, flétrissant le sieur Buet, retentirent dans la rue Edouard et sur la place de la Cathédrale.

De là, le rassemblement se porta au Collége des Jésuites, à l'hôtel de la Direction de l'intérieur, en divers endroits, pour faire entendre les mêmes cris.

L'intervention prudente du maire de Saint-Denis, M. des Molières, de la gendarmerie, commandée par le brave capitaine Forcioli, mit fin à la manifestation, vers dix heures et demie, sans qu'aucun désordre grave se fût produit.

Le lundi 30 novembre, vers 8 heures du soir, la manifestation recommença, mais avec plus d'énergie. La foule, après avoir crié sous les fenêtres du sieur Buet, se rendit chez M. François Mottet, notaire, homme fort honorable d'ailleurs, mais qui passe pour être l'un des principaux inspirateurs de la *Malle*. N'ayant trouvé que Mme Mottet seule, elle se retira pour aller à l'hôtel du directeur de l'intérieur faire entendre le cri de sa réprobation à M. Gaudin de La Grange, dont l'administration est antipathique au pays, et qui est bien connu pour son dévouement aux jésuites.

Là, l'intervention d'abord du maire et de M. Desaifres, commissaire central de la police, puis celle du gouverneur contre-amiral Dupré, parvinrent à dissiper le rassemblement, et l'on croyait tout fini quand on apprit que d'autres groupes, composés principalement de nègres étrangers, saccageaient le Collége des Jésuites et se portaient vers l'établissement de la Providence, afin d'y opérer les mêmes dévastations.

Il importe de faire connaître que cet établissement, confié aux Pères du Saint-Esprit et du Sacré-Cœur de Marie, renferme un pénitencier et une école professionnelle, qu'on s'y livre, grâce aux subventions du budget et aux dispositions léonines de l'arrêté du 27 octobre 1858, — qui a concédé cet établissement pour 25 ans aux Pères, — à des travaux qui font une concurrence terrible à l'industrie privée et ont ruiné une foule d'industriels, patrons et ouvriers. — De là l'animadversion populaire dont cet établissement est l'objet.

M. le gouverneur se rendit immédiatement sur les lieux et arrêta le sac du Collége des Jésuites, non sans faire observer toutefois aux révérends Pères que certain sermon d'un des leurs à une récente messe d'ouvriers n'avait pas dû être sans influence sur ces désordres, dont ils étaient les premières victimes. « Voilà ce qu'on recueille, a dit le chef de la colonie, quand on prêche la révolte contre l'autorité civile et contre les lois établies. »

A la Providence, la troupe d'infanterie de marine faisait fuir les individus qui s'étaient portés sur l'établissement. Six arrestations eurent lieu, un seul homme, un ouvrier, nommé Potier, fut, en fuyant, blessé par derrière, d'un coup de baïonnette.

Plusieurs gendarmes, le capitaine Forcioli et le chef d'escadron de Bouyn, furent atteints plus ou moins grièvement par des pierres lancées. Enfin, le tumulte se termina vers minuit.

Le mardi 1er décembre, les amis du peuple, comprenant qu'il fallait intervenir pour le calmer, pour mettre un terme au désordre et à des scènes regrettables, faire aboutir à une manifestation légale et pacifique les vœux tumultueux des jours précédents, demandèrent à l'autorité la permission de réunir la Société Ouvrière au lieu ordinaire de ses séances, et d'en ouvrir les portes à tout le monde.

Une circulaire, autorisée par le procureur général par intérim, M. Diavet, et signée par MM. A. Laserve et C. Jacob de Cordemoy, rédacteurs du *Journal du Commerce*, conviait les habitants à venir signer dans les bureaux du journal une Adresse à M. le gouverneur et à cesser le désordre.

MM. Germain Gillonnet, président élu de la Société Ouvrière, Pierre Parent, vice-président, et Alphonse Delval, trésorier, répondirent avec chaleur à l'appel qui leur était fait, et la réunion fut convoquée pour six heures du soir. Près de deux mille personnes y assistèrent.

Après un discours éloquent de M. Jugand, sur la nécessité de rétablir l'ordre et de s'adresser à l'autorité dans les formes légales pour lui faire connaître les vœux de la population, M. A. Laserve propose à l'assemblée de rédiger l'adresse à M. le gouverneur; les résolutions des membres présents y seraient consignées; on la signerait le lendemain matin, 2 décembre, et ensuite on la porterait à M. le gouverneur, avec les formes d'usage. — A l'unanimité et par acclamation, l'assemblée décida qu'on demanderait à M. le gouverneur :

1° Le renvoi en France de M. le directeur de l'intérieur Gaudin de La Grange, dont la désastreuse administration avait compromis les finances publiques et placé la colonie en face de la banqueroute, afin d'y rendre compte de sa conduite au ministre de la marine et des colonies;

2° L'expulsion des jésuites, qui ne se sont glissés à la Réunion, comme partout ailleurs, que pour y provoquer le trouble et le désordre, et qui sont bannis par les lois de l'Empire;

3° La sécularisation de l'établissement de la Providence, la reconstitution de l'ancienne Ecole des Arts-et-Métiers sous une direction laïque, la cessation de la concurrence déloyale que cet établissement faisait à l'industrie privée, et qui ruinait tous les pères de famille;

4° La transmission au gouvernement métropolitain, dans le plus bref délai possible, du vœu unanime de la population pour obtenir de nommer, par le suffrage direct et universel, les conseillers généraux et municipaux dans la colonie.

En outre, on demanda que l'impôt fût dorénavant payé par douzièmes, et qu'une députation, composée de MM. G. Gillonnet, Alph. Delval, Jugand et A. Laserve, se rendît de suite près de M. le gouverneur pour solliciter la relaxation des prisonniers arrêtés la veille. Tous ces points convenus, l'assemblée jura par acclamation de s'abstenir de tout désordre, de tout tumulte, et d'attendre la réponse de M. le gouverneur.

La députation se rendit au Gouvernement à sept heures du soir, afin de demander la mise en liberté des prisonniers et d'avertir le chef de la colonie de l'engagement solennel pris par la réunion de la Société Ouvrière.

M. le gouverneur la reçut avec bienveillance, déclara que, la justice étant saisie de l'affaire des prisonniers, il ne pouvait interrompre son cours, et il prit acte de la résolution adoptée d'agir suivant les formes légales.

La nuit du mardi 1er décembre fut tout à fait calme. La foule vint par groupes devant les bureaux du *Journal du Commerce* recevoir la réponse de M. le gouverneur concernant les prisonniers, et, quoique peu satisfaite, elle se dispersa devant les pressantes et patriotiques sollicitations de M. Laserve.

Le lendemain, mercredi 2 décembre, l'Adresse à M. le gouverneur se signait avec entrain en divers endroits, lorsqu'on apprit que la milice était convoquée pour le soir, à quatre heures, à l'Hôtel de ville. Les ordres furent mal donnés. Pas de proclamation pour faire connaître le but de cette réunion insolite. Pas de pe au son du tambour.

Instantanément, le bruit malheureux se répandit que M. le gouverneur ne réunissait la milice que pour la désarmer, et c'est à peine si quelques hommes se rendirent à l'Hôtel de ville, où stationnait la foule, et où ils furent reçus par des huées.

La convocation était manquée.

Néanmoins, M. le gouverneur se rendit à cinq heures et demie à l'Hôtel de ville, harangua la foule, protesta avec indignation contre l'intention qu'on lui avait prêtée de désarmer la milice, et lui donna rendez-vous pour *huit heures* du soir, le même jour, au même lieu. Rentré chez lui, M. le gouverneur comprit que l'heure était mal choisie, et envoya de suite prévenir qu'il renvoyait au jeudi 3, à huit heures du matin, le rendez-vous. Par malheur, bien du monde était déjà parti, et tous ne purent être prévenus. Aussi, vers huit heures du soir, une foule de citoyens se rendirent-ils à l'Hôtel de ville, afin d'entendre M. le gouverneur.

Quel ne fut pas leur étonnement de trouver, au lieu du chef de la colonie, la troupe d'infanterie sous les armes, genou à terre et prête à faire feu, et les canons chargés à mitraille braqués devant la maison commune et menaçant la foule.

Le maire, M. des Molières, le procureur impérial, M. Dejean de La Batie fils, le commissaire central de police, M. Desaifres, eurent beau annoncer que le rendez-vous était décommandé, renvoyé au lendemain, la foule, irritée par la vue des soldats et des canons, refusa de se retirer, et, sans faire de violences, demanda à grands cris la venue de M. le gouverneur.

Des huées, des cris, quelques coups de pierres, dit-on, tels furent les seuls torts de cette masse désarmée et inoffensive.

Tous les efforts de M. le maire des Molières pour la dissiper restèrent sans effet.

En cet instant, M. le directeur de l'intérieur, Charles Gaudin de La Grange, qui s'était rendu à l'Hôtel de ville, descendit au

Gouvernement, fit à M. le gouverneur un tableau effrayant de la situation, lui parla de troupes débordées par le peuple, de bandits menaçant la ville du pillage, de la société mise en péril, et parvint à obtenir de M. le contre-amiral Dupré l'autorisation d'agir vigoureusement contre le peuple.

Revenu à l'Hôtel de ville, M. le directeur de l'intérieur, substitué à M. le gouverneur, donna seul tous les ordres. Il l'a reconnu lui-même dans une lettre postérieurement adressée par lui à M. le maire des Molières. A 9 heures et demie, il commanda à ce dernier de faire les trois sommations conformément à la loi. Le maire accomplit sa pénible mission avec toute la lenteur possible, entrecoupant chaque coup de clairon de sollicitations, d'invocations à ses concitoyens pour qu'ils consentissent à se retirer.

Rien ne put vaincre l'opiniâtreté de la foule, qui ne pouvait comprendre que M. le gouverneur l'eût conviée à un rendez-vous où elle était reçue avec des canons, des fusils et des soldats. D'ailleurs, la grande majorité des personnes présentes n'avait jamais assisté à pareille scène ; elles n'entendaient pas la voix du maire faisant les sommations et croyaient que le clairon n'était autre chose que le signal de retraite des troupes. Personne, au surplus, n'admettait qu'on pût se décider à faire feu sur des gens sans armes, qui n'avaient aucun programme et ne proféraient aucun cri séditieux.

Bientôt les troupes d'infanterie de marine, commandées par le lieutenant-colonel Massaroli, s'ébranlèrent l'arme sur l'épaule ; elles tournèrent l'angle de la rue de la Compagnie et s'avancèrent au pas dans la rue de Paris, faisant refluer devant elles la foule qui, à ce moment, était presque dissipée. Arrivée au coin de la rue de la Réunion, la troupe fit halte, le peuple se répandit dans les rues adjacentes.

A cet instant, commença une scène inouïe. On fit feu dans la rue de la Réunion, à droite et à gauche ; on fit feu dans la rue de Paris ; puis les troupes chargèrent à la baïonnette les malheureux qui fuyaient et qui demandaient grâce. Plusieurs personnes tombèrent mortellement atteintes, d'autres furent criblées de balles ou de coups de baïonnettes. Les soldats ne faisaient pas de quartier. Il y eut des actes de férocité incroyables et qui sont pourtant attestés par le nombre des blessures reçues, lesquelles s'élèvent pour le même individu jusqu'à trois ou quatre coups de baïonnette.

M. Boirot, comptable, père de famille, homme tout à fait inoffensif, après avoir reçu trois blessures, gisait à terre, lorsqu'au retour des troupes un soldat lui lança un quatrième coup de baïonnette en disant : « Tu ne feras plus d'émeute, toi ! » Les MM. Jean-Jacques, deux frères, ouvriers, pères de famille, ont reçu l'un trois coups de baïonnette et l'autre quatre coups, dans des circonstances odieuses.

Cinq personnes s'étaient réfugiées au quartier de la police municipale. Le lieutenant-colonel Massaroli somma le chef de poste, l'adjudant Ycard, de les faire sortir, afin *qu'elles fussent fusillées.* Ce dernier s'y refusa énergiquement, malgré une menace de destitution. On ne saurait trop louer le généreux courage de ce brave jeune homme.

Un habitant de la campagne, arrivé le jour même à Saint-Denis, M. Poncé, allumant sa pipe, fut transpercé d'un coup de baïonnette. M. Antoine Rivière de Chazalon, également de la campagne, ne dut la vie qu'à sa force herculéenne, qui lui permit d'arracher le fusil d'un soldat qui allait le percer au moment où il entrait chez lui. Ce brave citoyen avait déjà essuyé un coup de feu à bout portant, qui l'avait blessé à la main.

Après le massacre du coin de la rue de la Réunion, une section de la rue de Paris, dans la direction sud, on entendit un officier donner l'ordre de tirer sur toutes les personnes qu'on apercevrait.

La troupe, accompagnée des canons chargés à mitraille, passa au coin de la rue du Grand-Chemin, où elle fit feu et blessa un jeune homme qui passait avec sa mère. Au coin de la rue Saint-Denis, elle abaissa les fusils et allait tirer, lorsque le lieutenant qui commandait, M. Dodds, reconnut dans un petit groupe M. le baron de Keating, secrétaire général de la direction de l'intérieur, actuellement directeur de l'intérieur ; il cria à temps : ne tirez pas, et le groupe eut la vie sauve.

A l'angle de la rue Sainte-Anne, les troupes firent halte. Il y avait des familles sur les terrasses et dans la rue ; on regarda attentivement, et, voyant du monde, on fit feu. Trois domestiques engagés à M. Bonnet, entrepreneur de l'éclairage de la ville, furent traversés de balles devant la porte de leur maître. Parmi eux se trouvait un petit Indien, âgé de douze ans ; il eut le tibia de la jambe gauche fracassé et dut être amputé le lendemain.

Remarquons que cette dernière fusillade avait lieu à une grande distance du théâtre du rassemblement. Aussi beaucoup de personnes complètement étrangères à ce qui s'était passé et qui se promenaient au clair de la lune, faillirent-elles être victimes de cet attentat.

Pendant que la section de troupes dont nous venons de suivre la marche continuait ses exploits dans les hauts de la ville, une autre section remontait la rue de Paris, de la rue Labourdonnais où elle avait stationné jusque-là, et rencontrait les fuyards, qu'elle chargea à la baïonnette. C'est là que fut atteint M. Huar, honorable commerçant de Saint-Leu, qui rentrait tranquillement de dîner ; il est mort le lendemain, des suites de sa blessure. Au coin de la rue de l'Eglise, la troupe fit deux feux de peloton, puis s'avança jusque devant la pharmacie Silee.

Là, les habitants qui regardaient entendirent l'officier commander : « Chargez vite, les hommes de droite tirent à droite, » ceux de gauche à gauche; tirez à hauteur de ceinture. » La troupe tire dans la rue Edouard et dans la rue de l'Eglise, sur les passants.

C'est là que fut tuée Mme Brulon, qui traversait la rue, tenant sa petite fille par la main; elle eut le crâne fracassé par une balle. Un jeune engagé annamite, à M. Fourcade, fut également atteint d'une balle à la tête.

Les balles faillirent tuer des dames à leurs portes et allèrent ricocher devant la porte cochère de la gendarmerie, où se trouvaient plusieurs hommes. Dans la rue Saint-Louis, les *disciplinaires* tiraient de leur côté; les balles allaient frapper les murs de l'hôtel Joinville, où quelques capitaines de navire avaient été aperçus regardant par la porte ce que signifiait ce déploiement de forces.

Enfin, ce ne fut, pendant une demi-heure, que carnage, depuis la rue Sainte-Anne jusqu'à la rue Saint-Louis; on massacrait dans presque toutes les rues; et, s'il n'y a pas eu un plus grand nombre de victimes, c'est que la foule était rentrée chez elle et que le massacre dut cesser faute de chair humaine.

On ne pouvait rien attendre de mieux de jeunes conscrits qui entendaient pour la première fois le feu tiré de leurs propres mains et qui étaient pris d'une folle terreur. C'est, du moins, la seule manière d'expliquer la férocité avec laquelle ils ont attaqué des gens inoffensifs, sans armes, ce qui ne se fait même pas quand une ville est prise d'assaut.

Voici le relevé des personnes qui ont été tuées ou blessées lorsqu'elles fuyaient, n'opposant aucune résistance et n'ayant, au dire des témoins, que des cigares et des cigarettes.

On estime à un nombre relativement élevé les personnes légèrement blessées dans la nuit du 2 décembre.

Une quantité de balles perdues sont allées tomber dans les cours de maisons très-éloignées, et nombre de bons citoyens et de dames, loin du théâtre de la fusillade, ont entendu les projectiles siffler à leurs oreilles. On sait que nos rues sont tirées au cordeau.

Officiellement le nombre des morts dans la soirée même a été de cinq, savoir :

Anatole Lecourt, professeur;
Joson Dérouzaire, cordonnier;
Nérestan, domestique;
Vélaydon, marchand indien;
Joséphine Brulon.

Anatole Lecourt a été tué d'un coup de baïonnette, à l'angle des rues de Paris et de la Réunion ;

Nérestan et Dérouzaire, près du même lieu, frappés de balles par derrière ;

Vélaydon l'Indien, marchand aisé, établi presque en face de l'Hôtel de ville, a été tué dans sa boutique, d'un coup de feu ;

Joséphine Brulon a été tuée, à l'angle des rues de l'Eglise et du Barachois, sous le réverbère ; elle a eu le crâne fracassé par une balle.

Quant aux personnes grièvement blessées, leur nombre a été de vingt-deux. Un blessé, transporté à l'hôpital militaire, M. Xuar, frappé de plusieurs coups de baïonnette, est mort le lendemain.

Douze blessés ont été transportés à l'hôpital civil ; ce sont :

Jules Jean-Jacques, quatre coups de baïonnette ;

Constant Jean-Jacques, trois coups de baïonnette ; son état est très-grave : percé d'un premier coup, il avait voulu se réfugier chez M. Blot, rue de la Réunion ; à la porte, il fut frappé une deuxième fois ; au moment où il essayait de se relever, il reçut un troisième coup de baïonnette dans la poitrine ; son frère fut blessé en venant à son secours;

Ludovic Perruault, ouvrier typographe, attaché aux ateliers du *Journal officiel*, blessé d'une balle à la cuisse ;

Ernest Potier, coup de baïonnette dans l'abdomen ;

Jacques, Annamite, balle à la tête ;

Izon, Hallé, Malgaches, balles à la jambe :

Nazaijanin, Antony Mouton, Aduon, Emmanuel, Indiens, balles et coups de baïonnettes.

Nous ne connaissons en ville que neuf personnes gravement blessées. Parmi elles, se trouve M. Boiret, comptable, dont nous avons déjà parlé et qui a été mutilé avec un féroce acharnement. Il y a en outre :

Hippolyte Fontaine, employé, frappé de trois coups de baïonnette au coin de la rue de la Réunion ;

Alfred Sibaday, charroyeur, deux coups de baïonnette au sein ;

Armand Tamby, deux coups de baïonnette ; il a été frappé à sa porte, rue de Paris ;

Volange Murret, tailleur, deux coups de baïonnette ;

Dugain Léonard, menuisier, une balle dans le flanc ; il a été atteint rue du Grand-Chemin, ce qui prouve qu'on a aussi tiré dans cette rue transversale ;

M. Louis Michelot, officier de milice, une balle à la jambe, rue de Paris ;

Un enfant, atteint à la jambe par une balle, à 300 mètres de l'Hôtel de ville, est aussi au nombre des blessés.

Pour excuser l'étrange tragédie qui commença rues de la Réunion et de Paris, pour se terminer dans les rues éloignées de la ville, l'autorité militaire a prétendu que deux coups de feu avaient été tirés sur la troupe dans la rue de la Réunion, et que deux militaires avaient été blessés. D'informations prises, il est résulté que le caporal Moreau seul a pu justifier d'une petite écorchure à la première phalange du majeur de la main droite. Le lieutenant Dodds a reçu un coup de pierre au front.

Mais, même en admettant que deux coups de feu inoffensifs aient été tirés au coin de la rue de la Réunion, ce fait n'explique pas pourquoi on a massacré, dans les rues de Paris, Sainte-Anne, de l'Eglise, Edouard, Saint Louis, des personnes innocentes, des promeneurs qui, dans une ville non en état de siége et parfaitement paisible dans tous les quatiers autres que la place de l'Hôtel-de-Ville, ne pouvaient pas supposer qu'elles courussent un danger.

Nous ne saurions trop le répéter d'ailleurs, la population a été, du commencement à la fin de ce drame lugubre, victime de malentendus et de surprises. Convoquée par le gouverneur, elle ne pouvait croire que la troupe fût venue au lieu du rendez-vous pour l'assassiner. Les sommations n'ont été entendues et comprises que par quelques personnes. Les fusils n'ont pas été chargés devant le rassemblement, ce qui est une grande faute. On ignorait qu'ils le fussent, ou on pensait qu'ils l'étaient seulement à poudre.

Au surplus, dans le conseil de défense, il avait été décidé qu'au cas de nécessité, les fusils seraient ostensiblement chargés devant la foule, comme cela se fait toujours en pareille occasion. Il y a eu là une infraction aux règlements et une violation des ordres supérieurs, qui sont certainement la cause que le sang a coulé et dont, en tous cas, la responsabilité doit remonter à quelqu'un. Le bruit s'accrédite, d'ailleurs, que l'autorité militaire avait, au préalable, lu aux soldats le Code militaire, et particulièrement les articles relatifs à l'obéissance passive due aux ordres supérieurs. On ajoute que les soldats s'étaient préparés par des libations de rhum au massacre de la soirée.

Pendant qu'on fusillait dans les rues, le conseil privé, égaré par de faux rapports, ne rêvant qu'à des bandes de pillards et de meurtriers qu'on lui disait accourues des quartiers pour mettre la ville à sac, se laissant prendre aux éternels mensonges de ceux qui veulent terroriser les masses et arrêter toutes les manifestations populaires, décrétait la mise de Saint-Denis en état de siége. Ce fut la nouvelle qui se répandit le jeudi matin, 3 décembre, dans Saint-Denis, et que confirma bientôt une proclamation affichée, dans laquelle la population, à son grand étonnement, était accusée d'avoir fait une émeute à main armée.

Imme[illegible]ment, MM. [illegible] Bellier, G. Vinson, A. Laserve, Gabriel Ferdinand, et Thomy Lahuppe se rendirent à l'hôtel du Gouvernement, pour supplier M. le gouverneur de ne pas donner suite au projet de l'état de siége, *de caserner* les soldats, de convoquer la milice et de lui confier la garde de la ville.

M. le gouverneur refusa de lever l'état de siége, parce qu'il avait été décrété à l'unanimité par le conseil privé et sollicité par plusieurs autres personnes ; mais il consentit à réunir la milice, à faire appel aux volontaires qui voudraient en faire partie, à caserner les soldats et à confier la garde de la ville à ses habitants armés.

M. Bouiller, citoyen populaire et ancien officier d'infanterie de marine, devait être placé à la tête de la milice, en remplacement de M. A. de Jouvancourt, dont la démission de commandant était acceptée.

Séance tenante, M. le gouverneur fit sa proclamation à la milice et la convoqua pour quatre heures, au Jardin de l'Etat.

On délivra des fusils aux volontaires, soit à l'Hôtel de ville, soit à la Direction d'artillerie ; on battit le rappel, on afficha, on cria la proclamation à tous les coins de rue, et, à quatre heures, près de douze cents miliciens et volontaires étaient réunis au jardin de l'Etat. M. le gouverneur les harangua pour leur dire qu'il avait confiance en eux et qu'il leur remettait le soin de veiller à la conservation de l'ordre, au respect des personnes et des propriétés.

Le calme se rétablit immédiatement dans la ville; la nuit du 3 au 4 décembre ne fut troublée même par aucun bruit, et l'on eut l'étonnant spectacle d'une population gardant elle-même l'état de siége décrété contre elle, sans d'autres armes que des fusils réformés, en mauvais état pour la plupart, sans « une seule cartouche, » et se souciant fort peu d'en avoir, tant elle était convaincue que l'insurrection était « imaginaire. »

En effet, les bandits, les brigands, les pillards, objets de la terreur du conseil privé, s'étaient évanouis à Saint-Denis, comme dans tant d'autres lieux où il y a eu et où il y aura des manifestations populaires.

Depuis ce jour, l'ordre et la tranquillité règnent à Saint-Denis. L'autorité militaire, bien obligée de le reconnaître, a rétabli la circulation nocturne dans les rues; elle vient de rendre la parole aux journaux, avec de grandes restrictions, il est vrai.

L'indignation causée par le sang innocent versé sans motif, sans raison d'être, est le seul sentiment qui persiste dans la conscience publique.

Ce sentiment s'est déjà traduit énergiquement dans plusieurs adresses venues des quartiers les plus populeux et en même temps les plus libéraux de l'île. D'autres se préparent et viendront bientôt ajouter l'autorité de leur protestation aux protestations déjà parvenues au chef-lieu.

Au premier bruit du massacre du 2 décembre et de la mise en état de siége de la capitale, Saint-Pierre, la commune la plus importante après Saint-Denis, a envoyé une adresse au gouverneur. Le programme de Saint-Denis a été adopté, et la levée de l'état de siége a été demandée avec instance.

Presque en même temps, la commune de Saint-Benoist envoyait une députation confirmer les vœux exprimés par la Société Ouvrière de Saint-Denis.

Cette députation était composée de MM. A.-L. Giraud, Ch. Brunet, Ommirbald Robert et Frédéric de Villeneuve. Il se signe dans le même quartier une adresse très-énergique, qui se couvre de milliers de signatures. On y proteste contre l'état de siége, qui est considéré comme un outrage fait à l'honneur de notre population injustement accusée de révolte à main armée; on y demande une enquête sur le massacre du 2 décembre, le suffrage universel, des réformes administratives et économiques, jugées impérieuses.

Saint-André a fait remettre sa protestation, le 14, à M. le gouverneur, par une députation composée de MM. Fontbel-Martin, Albert Laserve et Emile Bellier. Saint-André demande également l'enquête, avec toute l'ardeur du patriotisme blessé dans ce qu'il a de plus sacré.

D'autres adresses se signent sur divers points de l'île.

M. le gouverneur doit voir maintenant combien il a été trompé, et la population, non-seulement de Saint-Denis, mais de tous les quartiers de l'île, espère que justice sera faite et que les instigateurs et les promoteurs du massacre du 2 décembre recevront la juste punition d'un forfait qui plonge tant de familles dans le deuil et les larmes.

Si, contrairement à notre attente, le silence officiel se fait sur le massacre du 2 décembre, si la justice reste muette sur cet attentat, en France, du moins la vérité se fera jour; on saura que la paisible et honnête population de Saint-Denis ne s'est jamais rendue coupable du crime d'avoir attaqué l'autorité *à main armée;* que le seul but de la manifestation qui a amené l'effusion du sang a été de protester contre l'absorption cléricale et de réclamer des institutions dignes du pays et de sa population si éminemment française.

On saura que les adversaires du progrès et les ennemis de la liberté ont seuls été les instigateurs du massacre du 2 décembre et que toutes les victimes sont du côté de la population, pour attester, par un irrécusable et sanglant témoignage, que les violences sont venues uniquement de la force armée.

Puisse, du moins, cet holocauste n'être pas inutile, et le sang précieux qui a été répandu servir de baptême à notre liberté politique, à cette liberté à laquelle nous aspirons de toutes les forces d'une virile volonté, avec toute la conscience de notre droit.

Signé :

MM. Adrien BELLIER DE MONTROSE, propriétaire, ex-conseiller général et municipal démissionnaire ;
Alexandre DE LA SERVE, propriétaire, rédacteur du *Journal du Commerce ;*
Jacob DE CORDEMOY, *idem ;*
Gustave VINSON, notaire, conseiller général;
Ruben DE COUDER, propriétaire, conseiller général démissionnaire ;
Eugène GAMIN, agent de change ;
Thomy LAHUPPE, rédacteur en chef du *Moniteur de la Réunion ;*
Gabriel LAHUPPE, gérant de ce journal.

Saint-Denis (Réunion), 19 décembre 1868.

Depuis le 3 décembre, la ville et la commune de Saint-Denis ont été déclarées en état de siége, mais je m'empresse de vous rassurer. A part le silence imposé aux journaux de la colonie, nous n'avons eu rien à souffrir, et nous n'avons, j'en suis bien convaincu, rien à redouter de cette mesure excessive, qui, tout bien considéré, a été de la part de l'autorité un acte de prudence exagérée et de nature à compromettre à l'extérieur cette réputation de sagesse, de tranquillité de la population coloniale, réputation bien méritée cependant.

Le silence complet auquel notre presse se trouve obligée rend plus utile encore le récit sommaire et l'appréciation des événements qui viennent d'attrister et d'alarmer l'île de la Réunion.

Comme préambule, permettez-moi de vous exposer en quelques lignes l'état politique de cette colonie. Jusqu'en 1848 et depuis 1834, nos conseils de commune et notre conseil colonial étaient formés par un collége électoral ayant, comme la loi électorale de la métropole le consacrait elle-même, le cens pour base. La révolution de 1848 nous a donné le suffrage universel; le coup d'Etat nous l'a enlevé, et a remis l'administration de toutes nos affaires publiques aux mains du gouverneur et du conseil privé, dont les membres sont ou membres de droit (tous les chefs d'administration), ou membres nommés par l'Empereur (deux conseillers privés). Les affaires communales restant administrées par des commissions municipales, dont les membres, comme les maires et adjoints, étaient nommés par arrêté de M. le gouverneur.

Un sénatus-consulte de 1854, applicable aux trois colonies de la Martinique, la Guadeloupe et la Réunion, déféra au conseil général une partie de l'administration des affaires coloniales. Ce conseil général se compose de 24 membres, dont 12 sont nommés directement par le gouverneur, et 12 sont nommés par les commissions municipales, nommées elles-mêmes par le gouverneur, vous vous en souvenez.

Depuis 1850, par des pétitions au Sénat, par des vœux formulés et renouvelés tous les ans par le conseil général, qui proteste lui-même contre son organisation, toute la population éclairée de la Réunion sollicite avec une constance digne d'un meilleur sort que la Métropole veuille bien modifier le mode de formation de nos conseils, et recourir pour leur organisation à un système d'élection assis sur la base la plus large, la plus libérale, voire même le suffrage universel.

En 1864, M. Chasseloup-Laubat étant ministre au département de la marine et des colonies, une grande espérance nous fut donnée. Une dépêche de Son Excellence elle-même, datée du 16 juillet 1864, vint prescrire au gouverneur, M. le baron Darricau, de réunir le conseil général et de lui demander son avis sur les modifications qu'il jugeait utile d'apporter aux institutions politiques de la colonie. Le ministre proclamait lui-même que les progrès réalisés depuis la promulgation du sénatus-consulte de 1854, rendaient utiles des changements qui auraient pour résultat de faire participer les colonies à l'administration de leurs propres affaires.

Le conseil général fut réuni aussitôt l'arrivée de la dépêche ministérielle, dans le mois d'août de la même année, et à l'unanimité, se faisant l'écho du sentiment, aussi unanime, de la population, le conseil fut d'avis que les attributions des conseils généraux fussent étendues dans une large mesure, en vue de l'autonomie administrative des colonies, et, en second lieu, il insista sur la nécessité pressante de recourir, pour la formation des conseils municipaux et du conseil général, à l'élection. Seulement, le conseil ne concluait pas au suffrage universel; il demandait que tout individu français, né dans la colonie ou y résidant depuis une année, fût de droit électeur et éligible, en justifiant d'une propriété mobilière ou immobilière de 2,000 francs. Deux mille francs! De plus, tous Français justifiant de la condition de domicile, brevetés ou diplômés, les légionnaires, les fonctionnaires de tous grades, de toutes conditions, les retraités, étaient de plein droit électeurs et éligibles. Vous le voyez, c'était presque le suffrage universel. Mais, en même temps, le conseil condamnait, ce qui paraissait être la tendance du ministre, tout mode de formation des conseils qui laisserait le gouverneur ou l'Empereur grand électeur immédiat ou médiat, direct ou indirect.

Nous avions donc bon espoir que nous sortirions enfin de cet état d'ilotisme dans lequel nous avait placés, bien injustement, l'avénement de l'empire.

Hélas! le sénatus-consulte de 1866 est venu nous enlever cette espérance.

Les attributions du conseil général étaient étendues, mais l'organisation n'avait reçu aucune modification. Les commissions municipales, émanation directe du gouverneur, et le gouverneur lui-même pour l'autre moitié, continuèrent de nommer les vingt-quatre conseillers généraux investis par le sénatus consulte de 1866 d'attributions fort étendues, et devant exercer une influence incontestable sur la marche des affaires publiques coloniales!

Jugez si le sentiment qui condamne ce mode de formation de nos conseils est vivace et unanime!

Le premier acte du conseil général, formé pour appliquer le sénatus-consulte de 1866, est de regretter amèrement que le sénat ait jugé devoir persister dans ce mode de formation de nos conseils.

Le résultat de cette organisation politique de la colonie a été d'éloigner des affaires et des choses publiques toute la partie sage, modérée, prudente, conservatrice, c'est-à-dire l'immense majorité de la population, et de ne laisser debout et en présence que les partis extrêmes, soutenus par leurs passions contraires. Quant à la masse de la population, elle s'est habituée à ne plus songer qu'aux affaires privées. Toutes les questions d'administration et de politique s'agitent devant elle par les partis extrêmes: rétrogrades, libéraux extrêmes, satisfaits; elle n'en prend pas plus de soucis que s'il s'agissait des affaires des peuples les plus étrangers à nos mœurs, à nos relations, à nos intérêts. C'est la conséquence inévitable de ce système politique qui nous exclut de toute participation à la marche de nos affaires.

Cette conséquence, fort indifférente en temps de prospérité, devient fort appréciable et fort regrettable en temps de crise et de difficultés; la principale force du gouvernement, son point d'appui le plus solide, comme la base la plus puissante et la plus sûre de son autorité, ce n'est ni la force de son armée, ni la rigueur de ses lois de sûreté, c'est sans contredit, dans les sociétés civilisées et éclairées, le concours de la majorité de la population, de cette majorité qui est, à égale distance des extrêmes, guidée toujours par les meilleurs instincts, qui avertit le pouvoir quand il se trompe, mais ne le combat pas, le soutient même en l'avertissant, l'approuve quand il fait bien, et le défend par son concours et son approbation contre les attaques des partis extrêmes; or, cette force de tous les gouvernements chez tous les peuples éclairés, les gouvernements coloniaux en sont privés, absolument privés; ils se trouvent sans conseils, entre les sollicitations des partis extrêmes, sans défenses contre leurs attaques, condition impossible, absolument impossible dans un pays français, où il est fatalement imposé au gouvernement de laisser une certaine latitude à la presse et à l'opinion.

Telle est la position impossible dans laquelle se trouvait, tous ces temps derniers, le gouvernement de l'île de la Réunion, au moment où la colonie traverse une crise industrielle, agricole et financière qui met toutes les fortunes à la plus rude épreuve, qui amène chaque jour une ruine nouvelle, un désastre plus grand, et qui, depuis quatre ans, multiplie et accroît à l'infini les misères les plus extrêmes.

La population, la partie du moins la plus éprouvée, n'a pas manqué de rejeter sur les gouvernants une large responsabilité, la plus large responsabilité de ces revers, de ces désastres et de ces misères; les mécontents ont donné des recrues aux partis extrêmes, et le gouvernement, sans appui dans la population, s'est trouvé, à un moment donné, sans autorité quand il en a fallu.

Pour compléter ces préliminaires, dont vous ne tarderez pas à reconnaître l'utilité, je dois ajouter que, dans cette période de 1852, nous avons vu ériger un évêché à l'île de la Réunion, et, bien que notre population ne se soit accrue que de 70 ou 80 mille païens, des Indiens venus des différentes contrées de l'Inde, avec l'évêché nous avons vu non-seulement s'augmenter dans une proportion extraordinaire les paroisses et les chapelles, mais nous comptons aujourd'hui, outre un plus grand nombre de prêtres que par le passé, des congréganistes qui n'étaient pas connus autrefois à l'île de la Réunion. Les frères de la Doctrine Chrétienne et les sœurs de Saint-Joseph, antérieurs à l'institution de l'évêché; depuis, les jésuites, les pères du Saint-Esprit, les lazaristes, les filles de Marie, les sœurs de Saint-Vincent-de-Paul, les dames de la Réparation, tout cela en quatorze ou quinze ans; c'est vous dire combien le parti clérical a mis à profit la facilité et les avantages que lui offrait l'absence de toute vie publique à l'île de la Réunion.

Ici, j'entre dans les faits, dont il n'est permis d'apprécier le caractère et la gravité qu'après le long préambule que vous venez de lire.

Deux journaux sont en lutte à Saint Denis. Un journal clérical, la *Malle*, s'inspirant de l'Evêché et dévoué aux jésuites et aux diverses congrégations qui se sont établies, ont progressé et s'étendent chaque jour dans notre pauvre petite île, qui ne peut tarder à être absorbée si les choses continuent ainsi. En face du journal la *Malle*, qui rêve tout haut le retour à un passé impossible et proclame le droit pour le prêtre de pratiquer l'opération césarienne aussitôt la mort présumée d'une femme enceinte, pour sauver des limbes l'âme d'un enfant non encore venu au monde, se publie le *Journal du Commerce*, journal libre penseur dans toute l'acception du mot, niant la divinité du Christ, niant l'autorité de toute religion révélée. En politique, la foi des deux journaux correspond à leur foi religieuse.

La population, elle, est franchement catholique, fortement titrée d'indifférence, et en politique, fort libérale. Somme toute, comme elle redoute, au temporel, les envahissements des congrégations religieuses, et qu'elle aspire à un peu de liberté et de libéralisme dans nos institutions politiques, tout en condamnant les doctrines religieuses, elle porte ses sympathies plutôt du côté des doctrines politiques du *Journal du Commerce*.

Or, depuis un mois et demi, la *Malle* était rédigée par un jeune journaliste exprès venu des bureaux de l'*Univers*, et qui s'était, dès son apparition, signalé par la violence de ses attaques contre les rédacteurs du *Journal du Commerce*. Le dimanche 20 novembre, à huit heures et demie du soir, un rassemblement de jeunes gens de la ville se porta sous les fenêtres de M. Buet, ce jeune rédacteur, en proférant contre lui des cris qui n'avaient rien de menaçant, mais qui accusaient, de la part des personnes qui composaient ce rassemblement, le désir de protester contre la violence de langage et les doctrines professées par M. Buez. Ce dernier ne se trouvant pas chez lui, la foule se porta devant la maison de M. François Mottet, notaire fort honorable de la ville, conseiller municipal, conseiller général, un homme en tous points très-recommandable et fort respecté, légitimiste ultramontain très-convaincu, qui passe pour l'un des propriétaires du journal clérical, et chez lequel on s'imaginait que se trouvait M. Buet en ce moment. La foule, après avoir crié, hué, fait du bruit, se dispersa.

Le lendemain lundi, même répétition. La foule était plus considérable que la veille, et on n'y remarquait plus cependant les jeunes gens qui, la veille, étaient à la tête de la manifestation contre M. Buet. On y remarquait surtout des ouvriers. Les scènes de la veille se renouvelèrent devant le domicile de M. Buet et devant la maison de M. Mottet, puis la foule se transporta d'abord devant l'hôtel du directeur de l'intérieur, M. Charles Gaudin de La Grange, fort connu par son dévouement au parti clérical et pour ses opinions religieuses fortement accentuées dans le sens de l'ultramontanisme et dont l'administration est fort antipathique à la grande majorité de la population. Après avoir crié : à bas de La Grange, à bas le cagot, à bas le jésuite, la même foule se porta à l'Ecole secondaire tenue par les jésuites, défonça les portes du collége, brisa et éparpilla dans les cours et dans la rue tout ce qu'elle trouva. Il ne fallut rien moins que l'intervention de M. le gouverneur en personne pour mettre fin à cette scène de tumulte et de désordre.

Mais la foule ne se dispersa que pour se reformer plus loin, devant l'Ecole professionnelle du Gouvernement, placée sous la direction des pères du Saint-Esprit. Là, elle rencontra la force armée, qui l'avait précédée, et dut se retirer après des cris et du tumulte. Un gendarme et un militaire avaient été blessés dans cette soirée du jeudi. Le fantassin blessé avait lui-même auparavant blessé un ouvrier.

En l'état de misère et de mécontentement de la classe ouvrière, il fallait s'attendre à voir ces scènes se renouveler les jours suivants, peut-être avec une plus grande gravité et un caractère compromettant pour l'ordre public, pour la sécurité publique même. D'ailleurs, la population éclairée, sage, prudente et conservatrice, prenait peu ou pas d'émotions de ces scènes.

C'était pour elle affaire entre la *Malle* et le *Journal du Commerce*. Et si les ouvriers en certain nombre s'étaient mêlés à la manifestation, il y avait là une raison sérieuse de les excuser. L'Ecole professionnelle subventionnée de 70 ou 80 mille francs par le gouvernement, établie gratuitement encore sur un bien domanial de très-grande valeur, faisait aux industriels et aux ouvriers de la colonie une concurrence invincible. Déjà, tous les industriels avaient été contraints de fermer leurs usines et les ouvriers se voyaient enlever, par un avilissement de prix qu'ils n'auraient pu supporter, tous les travaux de la colonie.

Tout concourait donc à faire craindre pour le lendemain mardi les mêmes troubles et les mêmes désordres. D'ailleurs, l'opinion publique absolvait les ouvriers de leur manifestation contre l'Ecole professionnelle, et reconnaissait leurs griefs fondés.

Sur ces entrefaites, un citoyen qui, par un dévouement aux affaires publiques et par un courage civique vraiment remarquable, a acquis sur une grande partie de la population une influence incontestable et qui serait universelle comme l'estime qu'il impose, si ce n'était le caractère trop radical de ses opinions religieuses et politiques, M. Alex. La Serve, un des antagonistes de la *Malle*, et objet des plus violentes attaques de M. Buet, résolut de convoquer les ouvriers en un meeting, et là demanda à cette réunion de formuler pacifiquement les demandes qu'ils voulaient adresser au gouvernement, et leur fit promettre, ce qu'il obtint sans peine, de renoncer à tout rassemblement, à toute nouvelle manifestation tumultueuse.

La réunion émit quatre vœux. Le premier demandait la suppression de la concurrence que faisait à l'industrie privée l'Ecole professionnelle.

Le deuxième demandait l'expulsion des jésuites.

Le troisième, le renvoi du directeur de l'intérieur.

Le quatrième, enfin, demandait au gouverneur d'appuyer auprès du gouvernement de l'Empereur la pétition au Sénat qui se signait en ce moment, pour demander la formation de nos conseils par le suffrage universel.

Après cette réunion et cette délibération, les ouvriers se séparerent. Le lendemain, une circulaire imprimée de MM. La Serve et Jacob de Cordemoy, ce dernier rédacteur en chef du *Journal du Commerce*, appela les ouvriers à signer la pétition ou l'adresse rédigée en conformité de la réunion de la veille. Et, durant toute la journée, les signataires se succédèrent dans les bureaux du *Journal du Commerce*.

Le gouverneur avait ordonné au commandant de la milice de convoquer ses troupes pour quatre heures, devant l'Hôtel de ville. Cet ordre fut si mal exécuté par le commandant et dans des termes si extraordinaires, dans une forme si insolite, que le bruit se répandit que les miliciens n'étaient convoqués que pour se voir reprendre leurs armes. Si absurde que fût ce bruit, il s'accrédita chez un grand nombre de miliciens, et ceux qui, n'ayant pas cru, en petit nombre, venaient au rendez-vous, étaient reçus par des huées et des quolibets. Le gouverneur vint en personne devant l'Hôtel de ville, à cinq heures, protesta énergiquement contre la pensée qu'on lui prêtait et qui était blessante pour la milice, et il annonça qu'il passerait la milice en revue le soir à huit heures.

Mais à peine le gouverneur s'était-il retiré, qu'il songea à tous les inconvénients, aux dangers peut-être d'une réunion à pareille heure, en l'état des esprits d'une partie de la population. Il contremanda la revue et la fixa au lendemain matin à 8 heures.

Cet ordre fut encore mal exécuté; une partie des miliciens et de la population eut connaissance de ce contre-ordre; une autre partie n'en eut pas connaissance; et, dès 7 heures et demie du soir, on vit curieux et miliciens se présenter sur la petite place de l'Hôtel-de-Ville. Les miliciens, en apprenant le contre-ordre, se retiraient, les curieux aussi, mais il resta un assez grand nombre de curieux pour former bientôt un rassemblement. Je dois ajouter qu'il y avait devant l'Hôtel de ville, et à 100 ou 150 mètres plus bas, au-dessous de la caserne des disciplinaires, dans la rue précisément où se trouve établie l'imprimerie du journal la *Malle*, un déploiement de forces, fantassins et artillerie, qui impressionna la partie de la population qui parcourait ces quartiers et celle qui stationnait devant l'Hôtel de ville.

Dès huit heures et demie, le maire de la ville, le procureur impérial et le commissaire central de police s'efforçaient, par leurs avertissements, par leurs prières même, de décider ce rassemblement à se disperser. Ce fut entre cette foule de gens oisifs et tumultueux assaut de quolibets, de taquineries; quelques pierres même furent lancées aux troupes qui stationnaient devant l'Hôtel de ville. Mais, à vrai dire, ce rassemblement n'était pas armé; il ne poussait aucun cri séditieux; il n'avait aucun programme, aucun but, — « Faites retirer les troupes, disait-on, et nous nous retirerons. » Les soldats étaient frémissants d'impatience. C'étaient tous, ou presque tous, de jeunes conscrits, peu formés encore à la patience, et c'était la quatrième nuit que ces actes d'insubordination les tenaient éveillés.

Il paraît aussi que les rapports de la police, toujours excessive de zèle en pareille circonstance, avaient dénoncé des faits, *reconnus imaginaires depuis*, mais bien propres à éveiller les inquiétudes de l'autorité. Des approvisionnements considérables de poudre avaient été faits dans la journée; on avait, en beaucoup d'endroits, fondu des balles, disait la police. Bref, les esprits étaient frappés chez les dépositaires de l'autorité et parmi les soldats.

Seul, au milieu de tous, le maire de la cité ne jugeait pas ce rassemblement inquiétant pour la sécurité publique. A neuf heures, le lieutenant-colonel Massaroli, qui commandait en personne les troupes stationnées devant l'Hôtel de ville, et le directeur de l'intérieur demandèrent au maire de faire à cette foule rassemblée les trois sommations légales. Le maire refusa formellement, et déclara qu'il ne les ferait que sur un ordre formel du gouverneur. « Je vais aller chercher l'ordre, » lui répond le directeur de l'intérieur, et il quitte le maire pour aller à l'hôtel du gouverneur. — « Priez le gouverneur de venir lui-même, » ajoute le maire.

Je fais ici cette réflexion. Ce rassemblement est si peu inquiétant que le directeur de l'intérieur, objet cependant de l'antipathie de la population, quitte le maire, traverse seul, sans escorte, à pied, à neuf heures du soir, le rassemblement, passe au milieu de ces prétendus insurgés qui le connaissent, va seul au gouverneur et en revient, traverse encore cette foule et prend de nouveau sa place à côté du maire.

Le directeur de l'intérieur a dissuadé le gouverneur, qui s'apprêtait à le faire, de venir à l'Hôtel de ville. L'officier d'ordonnance du gouverneur se joint à M. de La Grange, et, par malheur, le brave amiral Dupré cède aux funestes avis qui lui sont donnés.

Il charge alors M. de La Grange, le directeur de l'intérieur, d'apprécier lui-même le caractère de ce rassemblement, et l'opportunité et la justice de l'ordre de le disperser par la force. L'appréciation de M. de La Grange n'est pas douteuse. Des séditieux sacriléges, qui ont signé toute la journée la demande d'expulsion des jésuites, sont, de tous les séditieux, les plus criminels, les plus dangereux, et s'il est une classe de séditieux qu'on doive chasser à coups de fusils, ce sont certainement ces bandes-là!

Mais elles n'ont ni armes, ni programmes, ni intentions mauvaises, car si elles voulaient piller, que ne laissaient elles les troupes et la police assemblées devant l'Hôtel de ville, et que ne se répandaient-elles dans les autres quartiers abandonnés de la ville!

Dans son fanatisme, le directeur de l'intérieur ne voit pas, ne pense pas cela. Il donne l'ordre de faire les sommations légales; les sommations sont faites. La foule ne les comprend pas; elle ne croit pas, elle ne peut pas croire qu'on fera feu sur elle, quand elle est désarmée et inoffensive. Elle répond: «Non, on ne tirera pas, c'est pour nous faire peur!»

Les sommations sont faites; la troupe se met en marche, le fusil sur l'épaule. Les fusils sont chargés, nul ne le sait, nul ne le croit, car ils n'ont pas été chargés devant la foule. La foule cependant marche, refoulée par la troupe, sans résistance, lorsque tout à coup, à 40 mètres de l'Hôtel de ville, un coup de feu, deux disent quelques-uns, sont tirés sur la troupe. Personne n'a été blessé; si, pourtant, un clairon a été atteint de quelques grains de petit plomb à une des phalanges de la main gauche. A coup sûr, ce n'est pas un coup de feu capable de donner la mort; tout au plus un coup de pistolet de poche chargé à plomb, à petit plomb. Aussi le bruit s'est-il répandu que c'était un coup de feu ayant uniquement pour but de provoquer le feu de la troupe. S'il en est ainsi, le but a été atteint. La troupe riposte à droite, à gauche, en face, une vraie boucherie! Tout le monde fuit, les soldats poursuivent. Le rassemblement est depuis longtemps dissipé que, dans des rues éloignées, les soldats, lancés en tirailleurs, abattent les passants, les uns tués, les autres blessés. Des promeneurs, qui circulaient dans des quartiers extrêmement paisibles, où rien ne les avertissait qu'ils pouvaient courir quelque danger, sont atteints, — sept morts, vingt et quelques blessés. — Et pas un blessé n'est traduit devant les conseils de guerre, et pas un mort n'a été trouvé armé!

Et le gouvernement a cru à une insurrection à main armée !

La nuit du 2 au 3 décembre fut parfaitement tranquille. Tous ces curieux, tous ces promeneurs, qui avaient couru de si grands dangers, les tapageurs eux-mêmes, qui n'étaient après tout que des tapageurs, et nullement des insurgés, étaient rentrés chez eux sans aucune pensée de désordres ou de représailles, mais avec un sentiment profond d'indignation. Ce que l'on condamnait surtout, ce qu'il est impossible de ne pas condamner avec la dernière sévérité, ce sont ces fusillades, dans des quartiers fort paisibles, éloignés du lieu où avait eu lieu le rassemblement auquel on avait fait les sommations légales, fusillades dirigées indistinctement contre tous les passants, promeneurs qui, profitant d'un clair de lune splendide, prenaient l'air du soir, comme cela est l'usage, nécessaire après une journée de chaleur tropicale.

Ce sentiment d'indignation fut exalté jusqu'au paroxisme le plus élevé, et dans toutes les classes de la population, au récit que chacun faisait le lendemain des événements de la soirée et des dangers qu'il avait courus, car, je ne saurais trop le redire, parce que c'est là le grand crime, la ville était parfaitement tranquille, elle n'était pas en état de siége, il n'y avait pas eu la plus légère lutte entre la foule et la troupe, et rien, rien absolument ne pouvait faire croire à la population qu'elle s'exposait en sortant dans les rues, et qu'elle pouvait être atteinte par des balles lancées à huit et à douze cents mètres dans des rues droites et tirées au cordeau.

En même temps, on apprenait que la ville allait être mise en état de siége, et que cette population, indignée de la conduite de la soldatesque lancée contre elle, allait être sous le régime militaire, placée en face de ces mêmes soldats qui, la veille, avaient tiré sur nos frères inoffensifs et sans défense. Il fallait s'attendre, en dépit des rigueurs autorisées par l'état de siége, à des scènes sanglantes dans la prochaine nuit. Où ces collisions s'arrêteraient-elles ! Les moins sages étaient effrayés rien que d'y songer. Vous devinez quels sentiments animaient cette population, qui se répandait dans les rues, dans les carrefours, sur les places, échangeant ses observations, ses vifs reproches à l'autorité, ses inquiétudes de voir ces collisions inévitables de la troupe et de la population aboutir à une immense lutte, dont on n'osait envisager les conséquences.

La milice, convoquée pour le même jour, à huit heures, ne s'était pas réunie. Quelques citoyens, M. Adrien Bellier, ancien vice-président du conseil général, ancien délégué, ancien élu membre de l'Assemblée législative sous la République, M. A. Laserve, M. G. Vinson, membre du conseil général, et MM. Labuppe, rédacteur et directeur du *Moniteur de l'île de la Réunion*, se rendirent, à neuf heures et demie, près de M. le gouverneur, lui exposèrent l'état des esprits, les dangers de l'état de siége et de la situation faite à la population en face des troupes, l'exaspération qui allait en être la conséquence, et supplièrent le gouverneur de ne pas mettre la ville en état de siége; en tous cas, de confier la garde de la ville à la milice et aux citoyens formés en une garde civique. Ils supplièrent avec tant d'énergie, affirmèrent avec tant de confiance que miliciens et citoyens se rendraient à l'appel du gouverneur pour protéger l'ordre, garantirent avec tant d'assurance au chef de la colonie l'efficacité de cette mesure, que l'amiral Dupré, sur le champ, convoqua, au Jardin public, par une proclamation, la milice et la population, et fit distribuer des armes aux citoyens qui voudraient former et composer une garde civique.

Ce fut un élan magnifique de la population entière en faveur de l'ordre. Ce grand parti conservateur et libéral, dont les éléments existent dans la population, mais qui, par le vice de nos institutions politiques, n'existe pas à l'état de parti organisé, s'était formé en une heure, sous l'influence des événements, qui prenaient une telle gravité, qu'ils constituaient un danger pour la sécurité générale.

Dès trois heures, tous les bureaux, tous les magasins étaient fermés comme en un jour de fête, et, à quatre heures, la population entière était au Jardin de l'Etat. La milice entière, six cents volontaires armés et tous les citoyens étaient accourus pour acclamer la résolution prise par le gouverneur de confier à la population elle-même la garde de la cité mise en état de siége.

Si la vérité, que je vous ai avancée plus haut, a jamais reçu une consécration victorieuse, c'est à coup sûr dans cette manifestation. Il n'a plus été question ni des libéraux, ni des cléricaux, ni des jésuites; la population s'était montrée, et sa seule apparition avait rassuré les plus effrayés et effrayé les plus intéressés fauteurs du désordre. Et, malgré son sentiment d'indignation contre les massacres de la veille, elle s'était groupée autour du chef de la colonie, n'obéissant plus qu'à un besoin, on eût dit presque ne ressentant plus qu'un seul besoin : celui de protéger l'ordre et l'autorité, et les victimes à la fois.

En sortant du Jardin public, tous les postes de la ville furent occupés par les miliciens et les volontaires.

Les patrouilles et les rondes furent faites durant cette nuit et durant les nuits suivantes, par les citoyens eux-mêmes, et l'ordre ne fut pas un instant troublé, ce qui est la condamnation écrasante des mesures excessives prises et exécutées la veille et la glorification à la fois de la population coloniale.

Dans une ville en état de siége, la nuit même du jour où l'état de siége était décrété, au lendemain d'une fusillade qui avait fait tant de victimes, en face presque de ce que l'autorité a appelé une insurrection à main armée, des citoyens, des négociants, des propriétaires, des rentiers, des avocats, des notaires ont fait des patrouilles et tenu des postes dans les quartiers les plus éloignés et les plus isolés, et cela — le monde entier le croirait à peine — sans une seule cartouche, sans munition aucune ; et personne parmi nous, personne ne songeait à s'en préoccuper, tant nous étions assurés et certains que la tranquillité ne serait pas troublée et que l'autorité avait exagéré au delà de toute mesure le caractère des manifestations de la veille.

L'événement a donné complétement raison à nos appréciations ; nous voici au 19, les volontaires ont cessé le service et il n'y a pas eu à réprimer le plus léger désordre depuis la manifestation du 3.

La police, qui avait dénoncé des accaparements de poudre, des abrications de balles, n'a rien découvert. Cela devait être, ses craintes étaient chimériques ; il nous reste à déplorer que l'ignorance dans laquelle se trouvait l'autorité du caractère de notre population, que l'exagération coupable des mesures de répression et la conduite inqualifiable des troupes aient taché le pavé de nos rues, resté jusqu'ici immaculé, du sang de nos compatriotes. La responsabilité de ces événements, à qui incombe-t-elle, à qui doit-elle incomber justement ?

Aux partis extrêmes, à l'autorité, à M. le directeur de l'intérieur surtout, chargé par le gouverneur d'apprécier et dont l'appréciation a été si exagérée et si funeste. Mais la responsabilité la plus grande doit retomber sur le vice de nos institutions, qui, en écartant des affaires publiques la population entière, ne laisse en présence que les partis extrêmes, qui sollicitent le gouvernement en sens inverse, l'accablent ensemble lorsqu'il reste dans les limites de la sagesse et de la prudence, et qui privent enfin le gouvernement de ce point d'appui, qui est aussi un guide sûr, le concours du parti de l'ordre.

Pour rester justes, pour tirer aussi de ces événements leur enseignement, il faut, en premier lieu, invoquer, à la louange de la population entière, la grande manifestation du 3, et l'ordre et la tranquillité qui en ont été la conséquence immédiate. Il faut, en second lieu, proclamer que le pays est désormais ingouvernable si l'on ne modifie nos institutions politiques dans un sens libéral qui permette à ce parti de l'ordre de se former et d'agir.

Telle est la thèse que devront soutenir tous les journaux qui s'intéressent au sort des colonies et de l'île de la Réunion ; telle est la thèse que, dans l'intérêt de mes compatriotes et de la prospérité de notre pauvre colonie, même de sa prospérité agricole, industrielle et commerciale, je recommande à votre dévouement.

Dans une prochaine correspondance, je m'attacherai, selon votre désir, à vous entretenir de quelques questions économiques fort intéressantes pour notre colonie et par suite pour le commerce maritime; j'ai dû aujourd'hui me renfermer exclusivement dans l'appréciation des événements sous l'impression desquels se trouve encore la colonie entière, qui redoute, à tort je veux le croire, de la mère-patrie, une appréciation qui aurait pour effet de nous soumettre à un régime plus restrictif encore de nos libertés, et favorable aux cléricaux, ce qui serait aussi impolitique qu'injuste. La colonie de la Réunion vous sera reconnaissante de vouloir bien consacrer l'autorité de votre journal à conjurer ce grand malheur.

GUSTAVE VINSON, notaire, conseiller général.

(Communiqué par le *Sémaphore de Marseille*.)

Extrait de la Gazette de France, 18 *janvier*.

La journée du 2 décembre s'annonçait aussi calme que celle du 1er, lorsque la convocation inutile de la milice est venue tout remettre en question. Les miliciens reçurent, en effet, l'ordre de se rendre en tenue et en armes à l'Hôtel de ville. Ils s'y trouvèrent réunis à quatre heures de l'après-midi. M. le gouverneur vint leur parler, et il leur dit qu'on lui avait prêté l'intention de les désarmer, mais que c'était là une calomnie, et que, bien loin d'avoir cette pensée, il comptait au contraire sur leur concours pour l'aider au rétablissement de l'ordre. Il ajouta qu'il leur donnait rendez-vous pour le soir de ce même jour, à huit heures, au même endroit, et qu'il ferait connaître alors les résolutions qu'il avait adoptées. La prudence indiquait qu'il y avait danger, dans un moment où tous les esprits étaient surexcités, à provoquer des attroupements considérables, surtout pendant la nuit.

Le gouverneur le reconnut sans doute, mais trop tard malheureusement; son aide de camp vint annoncer que la réunion du soir était ajournée au lendemain matin.

Nous sommes au 2 décembre, et dès huit heures du soir, la rue de Paris, en face de l'Hôtel de ville, est encombrée par la foule. On sait déjà que la milice ne s'est pas réunie, mais on reste sorti de chez soi et on veut continuer la soirée. Des conversations bruyantes s'engagent, mais aucune disposition malveillante ne se manifeste dans le public. Vers neuf heures, la force armée fait son apparition et se masse contre les grilles de l'Hôtel de ville. Cette foule qui, depuis plusieurs jours, est accoutumée à voir la force publique impassible au milieu des troubles les plus graves, se persuade qu'il en sera de même dans cette soirée. Elle ne s'explique pas, au surplus, comment, après l'avoir appelée, on déploie contre elle cet appareil militaire. Elle se livre à des provocations qui ne sont pas sérieusement hostiles, mais qui ne sont pas longtemps du goût des soldats et de leurs officiers. Ceux-ci, en effet, sont fatigués et irrités; depuis plusieurs jours, ils sont sur pied, et on leur impose un service excessif, qui ne produit aucun résultat pour le rétablissement de l'ordre public. Ils manifestent leur mauvaise humeur, on les injurie. Ils menacent, on leur jette des pierres. L'exagération alors se met de tous les côtés, et personne ne veut céder.

Cependant, des communications rapides s'échangent avec l'hôtel du Gouvernement. Comment représente-t-on cette résistance de la foule au chef de la colonie? Nous n'en savons rien. Toujours est-il que l'ordre fatal de dissiper l'attroupement *par la force*, s'il le faut, est donné. Ah! pourquoi M. le gouverneur, qui avait convoqué cette foule, n'a-t-il pas eu la salutaire pensée de venir au milieu d'elle, de lui expliquer le malentendu? Elle se serait sans doute dispersée. Pourquoi n'a-t-il pas eu l'idée de s'assurer par lui-même de l'état des choses ? De grands malheurs eussent peut-être été évités. On nous a dit depuis que M. le gouverneur avait voulu se rendre sur les lieux, mais qu'il en avait été détourné. Nous ne pouvons qu'enregistrer le fait, en le déplorant.

Enfin, les sommations réglementaires commencent, M. le maire de Saint-Denis, enfant du pays, accomplit son triste devoir avec des larmes dans la voix. Il s'est épuisé en efforts surhumains pour éviter le malheur qui va frapper ses concitoyens. Ces sommations, c'est à lui qu'il appartient de les faire, et il ne peut déserter son poste. Qui sait ? Peut-être le dernier appel de cette voix amie sera-t-il entendu ! C'est du moins l'espoir qui le soutient, et il lui fait accomplir jusqu'à la fin de son malheureux mandat.

II

Extraits textuels de correspondances privées.

Saint-Denis, le 17 décembre 1868.

(Extrait textuel *in extenso.*)

29 *novembre.*

Le dimanche soir, vers huit heures et demie, cinq ou six cents personnes se réunissent sous les fenêtres de M. Buet, devant l'appartement qu'il occupe chez Madrolle, près de l'Eglise, le sifflent et l'apostrophent violemment. On crie : à bas Buet, on demande son départ par la malle, puis on se dirige du côté du Gouvernement pour exiger le renvoi de Buet; mais la foule est arrêtée par des agents de police, au coin de la rue de Paris, au-dessous de la place du Trésor, et l'on revient continuer à Buet le charivari qu'il mérite. Il n'était pas chez lui, et, vers neuf heures un quart, les groupes se dissipent et l'ordre se rétablit. Quelques cris de : « A bas la *Malle* » s'étaient fait entendre.

30 *novembre.*

La journée du lundi est calme : on cause de la manifestation de la veille et du scandale causé par Buet. Le soir, à huit heures, un attroupement se forme du côté de la Banque, à l'hôtel Millier (ancienne maison Nas de Tourris); la foule se dirige du côté de Buet, les cris de la veille recommencent, mais on se porte bientôt dans la rue de Paris, et des groupes se forment près de l'Hôtel de ville, devant la maison de Mottet. On crie « à bas Mottet, à bas la *Malle*, à bas les jésuites. » Une pierre est lancée, et blesse un gendarme à la tête. Quelques personnes envahissent l'emplacement de Mottet. Celui-ci était chez M. de La Grange; sa femme était seule sous la varangue. On lui demande « où est Mottet? — Il est sorti.

— Où est Buet? — Il ne demeure pas ici. » On se retire en criant : « A bas Mottet, à bas ce jésuite. »

Madame Mottet a fait face à l'orage avec beaucoup de calme et d'énergie : elle était seule pour répondre à tous ces tapageurs, qui venaient donner un charivari à son mari, et, le lendemain, on exaltait son courage, et on blâmait le maire et le commissaire central de police, qui, mornes et consternés, se tenaient devant la porte, et n'avaient rien fait pour empêcher cette violation de domicile. La foule quitte la rue de Mottet, et se porte devant la Direction de l'intérieur : il y a bien deux à trois mille personnes dans la rue de Paris, parmi lesquelles un grand nombre de curieux et de dames surtout. En tête du mouvement, se trouvent pourtant quelques tapageurs, des ouvriers mulâtres et noirs. Mais les jeunes gens de la ville ne prennent aucune part à ce désordre; ils ne figurent qu'au nombre des curieux, qui sont nombreux, et donnent ainsi une certaine importance à ce rassemblement. Cette manifestation n'a donc plus le même caractère que celle de la veille, qui était particulièrement dirigée contre Buet; celle-ci devient politique; on crie : « A bas de La Grange, à bas la *Malle*, à bas les jésuites. » On cherche à défoncer la porte de la Direction de l'intérieur; le maire se porte en avant, veut calmer les quelques meneurs, et engage la foule à se retirer; mais il ne réussit pas; sa parole n'a aucune influence. On crie : « A bas des Molières! on lui reproche les quinze mille francs qu'il touche de la commune, et le rassemblement, grossi par les curieux et les curieuses, est toujours considérable. M. et Mme de La Grange se sont retirés dans leurs appartements, et ne donnent aucun signe de vie.

Vers dix heures, le gouverneur arrive à pied, avec l'ordonnateur et M. Desaifres, commissaire central : quelques gendarmes à cheval l'escortent, et un peloton d'infanterie est posté devant la rue de Deheaulme. M. Dupré parle à la foule; on le siffle d'abord, pourtant il réussit à se faire entendre; son langage est énergique; il blâme ces scènes tumultueuses, engage à venir réclamer le lendemain au Gouvernement les réformes qu'on désire, et termine en disant qu'il est le représentant de l'Empereur et qu'il faut que la loi soit respectée. On crie : « Vive l'Empereur! Vive le gouverneur! » et les groupes se dissipent. M. Dupré descend la rue de Paris, accompagné par le maire, quelques fonctionnaires et une partie de la foule. Mais à peine est-il devant l'Hôtel de ville, qu'on vient lui dire que le Collége des Jésuites est envahi, que les portes et fenêtres sont défoncées, et que les enfants ne sont plus à l'abri. Le gouverneur remonte, toujours à pied, et escorté par les mêmes personnes; il arrive bientôt sur le lieu du désordre.

Là, en effet, depuis neuf heures et demie, il y a un rassemblement composé d'une partie de ceux qui avaient figuré chez Mottet et chez M. de La Grange. Quelques meneurs avaient habilement dirigé de ce côté des noirs, Cafres et Malgaches : on brise deux portes et plusieurs fenêtres donnant sur la rue : on pénètre dans la cour, et quelques bâtiments intérieurs sont envahis; on jette dehors livres, bancs, pupitres. Mais le dortoir des enfants est respecté ce bâtiment principal n'est pas attaqué. Le désordre était donc très-grave, et la gendarmerie à cheval se met en mesure de dissiper le rassemblement.

Ces braves gendarmes sont assaillis de coups de pierres, mais ils sont admirables, ils supportent avec calme les pierres dont ils sont atteints, eux et leurs chevaux ; ils chargent le sabre en l'air et avec beaucoup de ménagement, et il n'y a aucun accident à déplorer. Le gouverneur arrive vers 10 heures 3/4, il entre dans la cour des jésuites, et aux premiers mots prononcés par un des Pères, il leur dit « qu'ils ne faisaient que récolter ce qu'ils avaient semé : qu'un des leurs, M. Lafont, avait prêché dernièrement la révolte à la Société Ouvrière, en déclarant que l'on ne devait reconnaître que la puissance divine, que toute autorité humaine devait s'incliner devant ses représentants, etc., etc. » Il blâme énergiquement ces scènes de pillage, et engage la foule à se retirer. De là, il se transporte à la Providence, où l'on prétendait que les ouvriers se rendaient en masse pour démolir cet établissement. Il y avait eu quelques groupes de ce côté, mais on y avait déjà posté une compagnie d'infanterie, et il n'y a eu aucune attaque sérieuse. Un ouvrier a été pourtant blessé par une baïonnette. Après le départ du gouverneur, la foule se dissipe, et le calme est rétabli partout : il était plus de minuit.

1er décembre.

Les bureaux s'ouvrent comme d'habitude, mais on ne s'occupe guère d'affaires. On cause de la manifestation de la veille : on exalte la noble conduite des gendarmes, qui ont supporté avec tant de calme les pierres lancées par la foule ; on signale le commandant de Bouyn et le capitaine Forcioli, qui ont prescrit de toujours tenir le sabre en l'air. Mais on voit que les cléricaux sont irrités, qu'ils blâment l'attitude prise par le gouverneur, et qu'ils auraient voulu des moyens de rigueur pour réprimer le désordre du lundi. — Vers 10 heures et demie, la malle est signalée; elle mouille à 11 heures et demie : on désire quelque nouvelle saillante de France pour faire diversion : mais rien d'important que l'arrivée du procureur général M. Lefebvre.

La journée est calme; pourtant il y a une irritation sourde de la part des cléricaux. On parle de la démission motivée de M. Mottet et d'une lettre violente de Paul de Villèle au gouverneur, au sujet des scènes tumultueuses de la veille. Alexandre Laserve, arrivé vers midi de Saint-André, se rend au Gouvernement : il nous annonce à trois heures que l'on va afficher une proclamation officielle qui invite les citoyens à ne pas troubler l'ordre et à ne faire aucun rassemblement. Laserve prêche le calme et la concorde, et, avec l'autorisation de M. Dupré, il fait lui-même distribuer une proclamation signée : « A. Laserve et C. Jacob de Cordemoy, » qui engage les habitants de Saint-Denis à éviter tout désordre et à réclamer légalement les réformes qu'on veut obtenir. Vers cinq heures, la Société Ouvrière, présidée par Gillonnet, se réunit avec calme, et l'on promet de ne prendre part à aucun rassemblement. On prépare une pétition au gouverneur, on discute les différentes réformes, et on se décide pour les demandes suivantes : 1° renvoi de M. de La Grange, pour aller rendre compte de sa conduite au ministre; 2° expulsion des jésuites de la colonie; 3° modification des règlements et abolition du privilége de l'établissement de la Providence, qui serait transformé en école professionnelle pour les ouvriers, et qui ne pourrait plus faire concurrence aux autres établissements industriels; 4° demande à l'Empereur de la promulgation du suffrage universel.

D'autres veulent la destitution du maire, mais ce cinquième point est écarté.

La pétition commence à se signer séance tenante, et on se retire, promettant bien de ne prendre part à aucun désordre. Le soir, en effet, dans la rue de Paris, il n'y a que des curieux, pas de groupes, pas de rassemblements; pourtant on aperçoit des soldats massés dans la rue de Mottet, mais des factionnaires sont près de la fontaine et invitent à circuler; les curieux se promènent avec calme et sans bruit; l'ordre n'est pas troublé.

2 decembre.

On se félicite de la tranquillité qui a régné la veille : les signatures se multiplient sur la pétition. Pourtant les cléricaux sont mécontents ; ils sont irrités des charivaris donnés à Buet, Mottet et de La Grange : ils se demandent comment l'autorité n'a pas agi plus énergiquement ; ils blâment le gouverneur d'avoir toléré le désordre du lundi soir et d'avoir parlementé avec la foule. On signale une seconde lettre très-violente de Paul de Villèle, attaquant Alexandre Laserve : on prétend que la *Malle* du lendemain va publier ces deux protestations énergiques et la démission motivée de Mottet. Mais bientôt on sait que, sur l'ordre du gouverneur, ces trois documents ne doivent pas être imprimés, et que le journal paraîtra avec deux colonnes en blanc, ce qui a eu lieu en effet.

Des nouvelles fausses circulent : on veut faire croire à l'autorité qu'il y a deux à trois mille émeutiers arrivés de Saint-André, Saint-Leu et Saint-Louis : on débite qu'on va incendier l'École des jésuites, la Providence, le Gouvernement. Tous ces bruits exagérés sont propagés par les cléricaux, qui veulent décider le gouverneur à agir violemment ; pourtant le calme règne partout, et ce n'est que dans les régions officielles que ces fausses nouvelles trouvent quelque consistance.

Les miliciens reçoivent une convocation à l'Hôtel de ville pour 4 heures et demie, par billets particuliers ; on se demande quel est le but de cette réunion. Le bruit circule que c'est pour désarmer les miliciens, dont on se méfie à cause des ouvriers et des mulâtres qui en font partie. *Première maladresse.* Il était si simple au gouverneur de faire afficher une proclamation aux miliciens, et d'indiquer de suite ce qu'il voulait leur dire. Quelques-uns arrivent au rendez-vous : mais ils sont hués et sifflés par des individus postés aux rues voisines ; on leur dit qu'on veut les désarmer, et on les oblige à se retirer. Quelques pierres sont lancées, mais ne causent aucun accident. A cinq heures, à la sortie des bureaux, les curieux stationnent devant l'Hôtel de ville. Le commandant Alexandre Jouvancourt cherche à expliquer qu'il n'est nullement question de désarmer la milice ; mais déjà les miliciens qui s'étaient présentés se sont retirés, et à 5 heures et demie, quand le gouverneur arrive, il ne trouve qu'une masse de curieux, cinq cents environ. Il est irrité de voir que les miliciens ne sont pas réunis ; il se plaint en termes énergiques du désordre qui a lieu, repousse avec indignation la calomnie qu'on a fait circuler relativement au désarmement, et se retire en convoquant de nouveau la milice pour le soir à huit heures, et sans faire connaître encore le but de cette réunion. *Deuxième maladresse.* Mais celle-ci est une faute, une faute très-grave, qui a entraîné l'horrible boucherie de la soirée.

En rentrant au Gouvernement, M. Dupré rend compte au conseil privé de ce qui s'est passé. On lui fait comprendre qu'une convocation nocturne peut entraîner des conséquences déplorables, et on le décide à donner contre-ordre et à renvoyer au lendemain, à huit heures du matin, la réunion de la milice. On fait prévenir en toute hâte le commandant Alexandre Jouvancourt, et on l'invite à aviser de suite les miliciens. Mais hélas ! il est déjà trop tard : la foule s'est retirée, et les curieux et les miliciens ne peuvent être informés du contre-ordre. Aussi, vers sept heures trois quarts, des groupes se forment près de l'Hôtel de ville : on s'attroupe sous le réverbère, au coin de la fontaine, et de minute en minute les curieux et curieuses arrivent; le rassemblement devient assez important. On aperçoit le long de la grille, dans la rue de Mottet, des soldats et même de l'artillerie. *Troisième maladresse.* La foule est en face des troupes séparées par la cuvette seulement. Pas de factionnaires, pas d'agents de police pour inviter à circuler : 4 à 500 personnes au moins se trouvent concentrées en cet endroit, et bien des curieux, notamment des dames, des magistrats, des fonctionnaires, se promènent dans les environs et s'approchent pour savoir ce qui se passe. Il est huit heures, huit heures un quart, et le gouverneur ne paraît pas. *Quatrième maladresse.* On apprend qu'il a donné contre-ordre, mais on s'étonne de voir des troupes massées en cet endroit, puisqu'aucune réunion ne devait avoir lieu à l'Hôtel de ville. Quelques cris se font entendre; on invite à faire retirer les soldats; le maire veut user de son influence pour engager la foule à se dissiper; deux ou trois meneurs parlementent avec lui : on ne peut rien obtenir. Le directeur de l'intérieur, le procureur impérial (Dejean de la Bâtie) sont à côté du maire, et déjà le colonel Massaroli prétend que ses troupes sont insultées et assaillies. On dit qu'il y a eu des pierres lancées, mais des témoins très-dignes de foi, entre autres M. des Molières, démentent ce fait.

Le colonel invite le maire à faire les sommations légales pour dissiper le rassemblement. Celui-ci refuse. M. de La Grange intervient, et dit à M. des Molières qu'il est temps d'agir. Le maire répond qu'il ne fera pas les sommations sans un ordre du gouverneur. Le directeur de l'Intérieur se rend alors au Gouvernement. Il fait, dit-on, un tableau effrayant de cette foule inoffensive et sans armes; il prétend que les troupes sont débordées, et arrache au gouverneur l'ordre de faire les sommations voulues par la loi. Alors le maire, qui aurait dû lui-même se transporter auprès de M. Dupré, et lui expliquer les choses dans toute leur vérité au lieu de le laisser sous l'influence de M. de La Grange, le maire croit devoir obéir, et commence les sommations légales. On prétend qu'il est resté vingt minutes à les faire; qu'il a cherché à émouvoir la foule qui était devant lui, et qu'il a fait entrevoir les malheurs que pourrait causer une résistance plus prolongée; mais nous tous (Deheaulme, Xavier Bellier, Pierre Deheaulme, Loricourt, etc.), qui circulions à quelques pas, nous ne nous doutions nullement de ce qui se passait, et, sauf quelques personnes qui pouvaient entendre des Molières, la majeure partie de la foule ignorait la gravité de la situation. Nous rentrions nous coucher, trouvant que l'attitude des groupes n'avait rien d'inquiétant, et persuadés que la tranquillité serait bientôt rétablie.

Il est près de neuf heures. Un coup de clairon se fait entendre. Peu de personnes en comprennent la signification : on suppose que c'est la retraite qu'on sonne; d'autres s'approchent pour écouter cette musique; et pourtant ce sont les sommations militaires qui commencent! Un deuxième et un troisième coup de clairon se suivent de près, et les troupes s'avancent dans la rue de Paris, l'arme au bras et les deux pièces de canon sont braquées au coin de la place de l'Hôtel-de-Ville. Quelques-uns prennent la fuite; d'autres, moins effrayés, se retirent lentement. Les soldats sont déjà devant la porte du jardin de B. de Villentroy, quand une pierre est lancée, dit-on, et vient frapper un officier à la tête. Les soldats croisent la baïonnette et se mettent en position. Arrivés au coin de la rue de la Réunion, d'après la version de l'autorité, ils sont reçus par deux coups de feu tirés de chaque angle de la rue, on dit même des jardins Wettley et Villentroy. Mais rien n'est moins prouvé aujourd'hui que l'existence de ces deux coups de fusil, revolver ou pistolet Monte-Cristo; bien des témoins impartiaux, qui étaient aux fenêtres ou à l'angle de la rue, n'ont rien vu, rien entendu, et certifient qu'il n'y a eu aucun coup de feu de la part de la foule. Une pierre aurait été lancée contre le réverbère, et la lueur produite a pu induire en erreur les partisans de cette version imaginaire. On a parlé depuis de deux soldats blessés par des grains de plomb, mais on n'a jamais pu faire voir leurs blessures. Un seul, un clairon, a une égratignure à la main, aucune trace de plomb n'a pu être constatée, et la conviction presque générale est que les deux premiers coups de feu ont été tirés par les soldats ; ils ont été suivis de plusieurs autres tirés par la troupe dans la rue de Paris et des deux côtés de la rue de la Réunion.

Les retardataires cherchent à fuir au plus vite, mais on est généralement convaincu qu'on a tiré à poudre, et quelques braves reviennent sur leurs pas, traitent les fuyards de peureux et de lâches. — Pourtant des cris, des gémissements se font entendre : on parle de blessés, et nous qui étions à la porte du jardin, nous nous empressons de fermer la porte, quand un jeune homme nous prie d'ouvrir, disant qu'il a reçu une balle dans la cuisse ; nous faisons entrer, il tombe dans les bras de l'un de nous, puis par terre et s'évanouit ; on le porte sur un lit, on lui fait respirer de l'éther et il reprend ses sens.

Après cette première fusillade, les soldats montent dans la rue de Paris : un coup de feu est encore tiré par la troupe au coin de la rue du Grand-Chemin. Les troupes montent toujours la baïonnette en avant. Dans la rue Saint-Denis, il n'y a rien, et c'est fort heureux, car les fuyards et les curieux sont en grand nombre.

Les soldats montent toujours ; au coin de la rue Sainte-Anne, quelques pierres sont lancées par des petits noirs qui fuyaient dans la rue de Paris, et on entend alors un nouveau feu de peloton ; la fusillade est dirigée des deux côtés de la rue Sainte-Anne, où il n'y a pourtant que des gens inoffensifs. Trois Indiens, assis tranquillement à la porte du jardin de leur maître (M. Bonnet), sont blessés à la jambe : parmi eux est un enfant de 12 ans ; un autre homme reçoit une balle dans la même rue.

Il y avait plusieurs curieux devant la maison de M. Legras, mais ils n'ont pas été atteints, heureusement. En même temps, d'autres coups de fusils se font entendre dans le bas de la ville. Les soldats avaient chargé à la baïonnette près de la place de l'Hôtel-de-Ville, en descendant la rue de Paris. Un Indien est blessé à mort en fermant sa boutique, près de la *Librairie pour*

Tous; à l'angle de la rue de l'Eglise, on jette des pierres. Les soldats, et l'on dit que ce sont des *disciplinaires*, ripostent par des coups de fusils. Ils s'avancent près de la pharmacie *Sélec*, nouvelle décharge, sans qu'il y ait eu agression. Une femme, Joséphine Brulon, est tuée sous le réverbère; elle avait son enfant à la main. Les balles vont frapper jusque devant la fontaine, près du théâtre, et font de nouvelles victimes sur leur route; d'autres sont grièvement blessés par la baïonnette.

Enfin les soldats, toujours des disciplinaires, descendent dans la rue Saint-Louis, près de la place du Trésor, et du côté de l'hôtel Joinville. Une nouvelle fusillade a lieu dans cette rue, où s'enfuient quelques curieux.

Cet horrible massacre a bien duré une demi-heure. Ce n'est que vers dix heures et demie que les détails nous parviennent. Les personnes qui viennent voir notre blessé (Michelot) nous font part de leurs sinistres impressions; c'est une indignation générale contre cette affreuse boucherie, et le lendemain on se raconte avec terreur les cruels événements de la nuit.

On n'a tiré que sur des gens inoffensifs et prenant la fuite : toutes les blessures par les balles et par les baïonnettes ont été faites par derrière, et le constatent suffisamment. On a massacré dans des rues tranversales, loin de l'Hôtel de ville, là où il n'y avait aucun rassemblement, et sans faire de nouvelles sommations aux curieux qui s'y trouvaient. Les rues ont été livrées pendant une demi-heure à une soldatesque effrénée, qui n'obéissait même plus à la voix des chefs, et qui semblait prendre plaisir à frapper et à tuer. On dit même que des blessés ont été achevés par de nouveaux coups de baïonnette. Infamie !!! Il eût été pourtant bien facile de dissiper le rassemblement formé à l'Hôtel de ville par la malheureuse convocation du gouverneur. Des gendarmes à cheval auraient suffi pour dissiper la foule, comme ils l'avaient fait le lundi soir : on aurait pu employer des pompes à eau, et la place aurait été balayée bien vite.

On pouvait encore tirer à poudre, et cette manifestation aurait éloigné les curieux et les gens inoffensifs, et il ne serait plus resté que des émeutiers, si toutefois il y en avait dans cette foule si paisible. Mais il fallait du sang à ceux qui avaient été bafoués l'avant-veille, et le massacre a été complet !!!

Les règlements militaires ont même été violés; car les armes doivent être chargées devant la foule, pendant qu'on fait les trois sommations; cette formalité, exigée par la loi, n'a pas été remplie. Des officiers ont eu même l'audace de prétendre qu'ils croyaient que les fusils n'étaient chargés qu'à poudre. D'autres ont donné ordre de faire feu sur le premier passant, de viser à hauteur de ceinture. Quelques-uns pourtant ont crié de ne pas tirer dans certaines rues. Les officiers d'artillerie avaient déclaré, dit-on, qu'ils briseraient leurs épaulettes plutôt que d'employer le canon contre la foule.

Il y a eu neuf personnes tuées : Anatole Lecourt, professeur à l'institution Rolland, jadis attaché au Parquet. C'est le seul qu'on ait vu parlementer avec le maire et le colonel; c'est le seul qu'on puisse compter parmi les tapageurs. Tous les autres sont des victimes innocentes. La femme Joséphine Brûlon; M. Xuart, habitant de Saint-Leu, arrivé à Saint-Denis le matin pour ses affaires. Un créole, cuisinier chez M. Fourcade, père de 7 enfants. Un cordonnier, nommé Joson, 4 Indiens. Il y a une quarantaine de blessés environ.

L'autorité n'en compte que 20 : ceux qui ont été reçus à l'hôpital civil ; mais il y en a beaucoup d'autres qui ont craint de faire signaler leurs blessures, et qui sont restés chez eux. On cite M. Bocret, le mari de la pianiste qui donne des leçons aux demoiselles de M. Dupré; Michelot, jeune homme de 23 ans ; un régisseur de M. Legras; un petit Chinois; Antoine Rivière; plusieurs noirs et Indiens. Plusieurs de ceux-ci sont grièvement blessés, et il y aura certainement de nouvelles victimes à ajouter aux premières.

Il est fort heureux que des notables de la ville, des magistrats, des dames n'aient pas été frappés dans cet atroce massacre. Il y en avait un grand nombre dans cette foule inoffensive.

3 *décembre.*

L'état de siége est décrété. Interdiction est faite aux journaux de publier des articles faisant allusion à ces déplorables événements. Défense de circuler dans les rues après le coup de canon du soir. Ordre de fermer les portes et fenêtres sur la rue à partir de 8 heures.

Mais après les horreurs commises par les soldats, il est impossible de leur confier la garde de Saint-Denis pendant la nuit, et Bellier, arrivé le 3 au matin, Alexandre Laserve et Vinson se rendent au Gouvernement pour demander que le service de la ville soit fait par les miliciens et tous les bons citoyens qui veulent prêter leur concours pour le maintien de l'ordre. Malgré l'indignation et l'exaspération qui existent dans tous les cœurs, on comprend que les noirs, cafres, indiens et malgaches peuvent jeter le désordre dans les rues, piller et incendier; on tremble de laisser la population en contact avec les soldats, les assassins du 2 décembre ; on redoute les vengeances, les représailles, et, pour éviter de nouveaux malheurs plus terribles que ceux de la veille, presque tous les habitants de la ville viennent se faire inscrire à la mairie pour former la garde civique : chacun prend un fusil, et l'on compte au moins 1,200 hommes armés. — Le gouverneur convoque pour quatre heures au Jardin de l'Etat les miliciens et les volontaires; la manifestation est imposante, et devant cette population réunie pour le maintien de l'ordre, on comprend qu'il n'y a plus de dangers à redouter. — M. Dupré arrive; le silence est complet et significatif. Il annonce la démission de Jouvancourt, et la nomination du nouveau commandant des milices Bouillier, qui est acclamé vivement. — Il avait songé à donner ce commandement à son aide de camp, M. Lambert; mais ce militaire avait pris part au massacre de la veille : on n'a pas voulu l'accepter. — Le gouverneur fait appel à tous les bons citoyens pour défendre la famille et la propriété; il regrette les maladresses qui ont entraîné les tristes événements du mercredi, et annonce que les troupes resteront dans leurs casernes; il n'en disposera que comme réserve seulement. — Quelques courtisans veulent crier : Vive le gouverneur, mais on leur impose silence. — Après le départ de M. Dupré, on organise immédiatement le service pour la nuit.

Grâce à cette imposante manifestation de tous les citoyens de Saint-Denis, l'ordre n'a plus été troublé. Des patrouilles fréquentes sont faites la nuit, et, malgré les fausses nouvelles que débitent encore la police et les cléricaux, on n'a à signaler aucun désordre : la ville est fort tranquille, et le gouverneur doit reconnaître aujourd'hui que, si, dès le 1er décembre, il avait fait appel aux miliciens et aux volontaires, s'il avait adopté la mesure que lui ont conseillée, le 3 décembre, Bellier, Vinson et Laserve, il n'y aurait eu aucune scène tumultueuse, et le sang n'aurait pas coulé dans les rues. Mais ce faible gouverneur a été effrayé par les rapports incendiaires que lui faisaient les cléricaux et les peureux qui l'entouraient : ceux-là avaient été exaspérés par les rassemblements du 30 novembre : ils ont représenté la société comme menacée ; ils ont fait sonner bien haut les mots de pillage, incendie, brigandage ; ils ont inventé des bandes armées de 4,000 à 5,000 hommes, devant arriver des quartiers... Mensonge et calomnie !! Pendant la journée du 2 décembre, M. Dupré a été sous l'influence perfide de cet entourage, qui demandait une répression vigoureuse des désordres commis, et surtout de M. de La Grange, qui avait été si humilié du charivari qu'on lui avait donné, et qui avait soif de vengeance. Il n'aurait pas dû écouter les conseils dangereux de cet homme !!! Ah ! si M. Dupré était sorti comme l'avant-veille, s'il était venu constater que la foule n'était pas agressive, et que, sauf quelques rares tapageurs ou des petits noirs que la police aurait pu facilement arrêter, il n'y avait que des curieux et des gens inoffensifs et sans armes ; s'il s'était trouvé à l'Hôtel de ville le 2 décembre, à 8 heures du soir, à ce rendez-vous qu'il avait eu la maladresse de donner lui-même ; s'il n'avait pas laissé masser des troupes et de l'artillerie devant cette foule de curieux, ce malheur irréparable ne serait pas arrivé. Mais hélas ! il restait tranquillement dans son salon, et faisait son whist... Les cartes lui sont tombées des mains lorsqu'il a entendu les premiers coups de feu. Le fait est malheureusement historique. — Quel malheur, a-t-il crié !! Mais il était trop tard. — Pauvre homme !

Il a commis faute sur faute dans cette lugubre soirée, et quel que soit le plan de défense qu'il présente au ministre pour justifier cet acte barbare, son nom laissera toujours à Bourbon un souvenir sanglant, ineffaçable pour notre petit pays.

Déjà, pour motiver l'état de siége, l'arrêté déclare qu'il y a eu une insurrection à main armée dans les rues de Saint-Denis. Exagération et calomnie !! On était en face d'un rassemblement convoqué par le gouverneur lui-même ; la foule était sans armes, et les deux premiers coups de feu auraient même été tirés par le peuple, ce qui est fort contesté, qu'on ne pourrait pas soutenir qu'on a eu à combattre une insurrection à main armée ; et la preuve, c'est que nul n'a riposté aux coups de fusil des soldats. On ne compte aucune victime parmi eux, tandis qu'il y a cinquante tués et blessés parmi les gens inoffensifs qui étaient là.

On veut faire grand bruit de deux individus qu'on a arrêtés la nuit avec un sabre et un révolver, on a saisi aussi une quinzaine de noirs soi-disant tapageurs; on les fera tous passer devant le conseil de guerre pour grossir les événements. Depuis, on a même prétendu que Saint-Pierre, Saint-André et Saint-Benoît avaient été agités, et on publie dans le journal officiel que cette agitation intérieure a cessé. Mais ce n'est qu'une tactique administrative pour donner plus d'importance à cette prétendue insurrection et pour excuser les mesures rigoureuses qu'on a prises. Et quelle plaisanterie que cet état de siége, où il a fallu anéantir l'autorité militaire pour empêcher des massacres et maintenir l'ordre? Ce sont les citoyens eux-mêmes, ces soi-disant émeutiers, qui sont chargés de la garde de la ville, et ce n'est que grâce à leur concours empressé que l'on a évité de nouveaux malheurs. Pour rester toujours dans cette voie de défense, on maintient l'état de siége quinze jours encore!

Mais pourtant on en a déjà adouci les rigueurs : la circulation est rétablie la nuit, les engagés seuls doivent être porteurs de permis ou de lanternes. Les volontaires ont cessé leur service fatigant, et les miliciens seuls continuent à faire les patrouilles. Mais il est toujours interdit aux journaux de rien publier sur ces événements. Ce n'est que par ceux de France que nous apprendrons comment on écrit l'histoire. Les cléricaux, les libéraux et le gouvernement produiront leur version plus ou moins véridique, et il sera difficile de trouver la vérité au milieu de ces récits exagérés et passionnés.

M. de La Grange et les cléricaux veulent rejeter tous les torts sur Alexandre Laserve, et ils le représentent comme un des principaux chefs de l'insurrection. Ils inventent des mensonges et des calomnies et prétendent que ce n'était rien moins qu'une révolution sociale; ils parlent de pillage des magasins, partage des terres, communisme. Ils vont chercher à saper M. Dupré, et notre pauvre gouverneur aura fort à faire pour lutter contre ce parti si adroit et si rusé. Déjà M. de La Grange, qui n'a pas voulu donner sa démission, part par la malle du 10 courant, en congé, et c'est une habile manœuvre de sa part. M. Dupré a eu la maladresse de ne pas s'opposer à ce départ. On dit que Buet s'embarque par le même courrier.

Il est un nom exécré, qui laissera un souvenir sanglant dans notre malheureux pays, c'est celui du colonel Massaroli. Les ordres donnés à ses soldats ont été barbares, et c'est sur ce chef que retombe la plus grande part de responsabilité des actes cruels qui ont ensanglanté nos rues. L'exaspération est très-grande, des mots de vengeance et de représailles ont été prononcés dans cette nuit funèbre du 2 décembre, et si nous n'avions pas pris en main la garde de la ville, si nous avions laissé des patrouilles militaires circuler dans Saint-Denis, il y aurait déjà bien des malheurs à déplorer. Espérons que l'autorité fera rappeler en France les féroces soldats qui nous ont massacrés.

Notre maire, déjà peu sympathique à la population, a montré beaucoup de faiblesse dans cette fatale soirée. Il aurait dû ne pas céder à l'influence dangereuse de M. de La Grange, et se rendre lui-même au Gouvernement. Il aurait dû prier le gouverneur de venir s'assurer par lui même de l'attitude inoffensive de la foule ; il aurait dû déchirer plutôt son écharpe que de se décider à faire les sommations légales, et cette conduite énergique aurait sans doute impressionné le gouverneur et aurait pu éviter l'effusion du sang.

Des Molières est violemment attaqué par ses concitoyens. Il a voulu se justifier devant un jury d'honneur. Sur huit personnes, cinq de ses amis ont voté pour lui, les autres l'ont blâmé. Il a cru que ce jugement lui était favorable !!! Il n'a donc pas compris que, dans des questions aussi graves, où l'honneur est en jeu, l'unanimité seule peut absoudre le coupable ! Il garde toujours son poste, malgré toutes les huées dont il a été assailli ; la question de dignité s'efface devant les 18,000 francs d'appointements !!!

Dernières nouvelles. — Pour remplacer le directeur de l'intérieur en congé, on avait songé d'abord à M. Echernier, directeur de l'enregistrement et des domaines ; il a refusé ce poste par intérim, et on a nommé provisoirement Keating directeur de l'intérieur, et D'Esménard, secrétaire général. Le conseil de guerre s'occupe de l'instruction de ces déplorables événements ; il recherche quels sont les auteurs des deux coups de feu tirés, dit-on, à l'angle des rues de Paris et de la Réunion.

Une enquête a eu lieu hier 17, dans le jardin Villentroy.

Tels sont les faits détaillés qui viennent de se passer dans notre malheureux pays, déjà si cruellement éprouvé par des calamités de toute sortes. Je vous les ai racontés aussi longuement que possible et vous trouverez dans les journaux de France des détails complémentaires qui vous renseigneront parfaitement.

Plusieurs quartiers de l'île ont déjà envoyé des adresses au gouvernement pour protester contre la fusillade du 2 décembre. La députation de Saint-André, composée d'Emile Bellier, Albert Laserve et Fombel-Martin a été très-indépendante et très-énergique. L'adjoint du maire de Saint-Pierre a signé la pétition faite dans le quartier et a donné sa démission.

CORRESPONDANCE DE SAINT-DENIS

Avant le 20 novembre.

Le 6 octobre 1868, un nommé Buet arrive à la Réunion comme rédacteur du journal la *Malle*; compère salarié (9,000 fr.) des jésuites, il couvre de sa signature les écrits ignobles que ces derniers débitaient contre la population libérale.

D'abord silence des journaux d'opinion différente, et la plupart du temps ils négligent de le discuter.

Les choses durent ainsi un mois, quand des particularités scandaleuses de la vie privée du sieur Buet sont révélées. Après en avoir bien ri, les jeunes gens s'en indignent et se proposent de donner un charivari à Buet.

20 *novembre.*

Un millier de personnes prennent part à une manifestation contre Buet. Elle se termine sans l'intervention de la force publique.

Buet ne paraît pas à la fenêtre; on le suppose chez un clérical quelconque, et on a résolu de donner aussi un charivari à ses amis.

30 *novembre.*

On se porte chez le directeur de l'intérieur, Gaudin de La Grange; on l'insulte; on profère contre lui mille accusations, mille injures.

On demandait son renvoi de la colonie ainsi que celui de Buet.

Le maire des Molières arrive, parlemente, cherche à calmer l'agitation et promet le *renvoi de Buet.*

Mais on voulait aussi celui du directeur de l'intérieur, celui des jésuites, celui des Pères de la Providence.

Le gouverneur intervient, et, grâce à une speatch paternel, fait dissiper la foule.

Pendant que *nous* (jeunes gens) étions ainsi devant le directeur de l'intérieur, un autre groupe s'était porté chez les jésuites et les Pères de la Providence et avait saccagé leur établissement. Les *blancs* n'étaient pour rien dans le sac des Jésuites. Aussi y eut-il sept arrestations de noirs et point de blancs.

La manifestation était terminée. — On avait signalé à l'administration ses griefs, on rentrait dans le repos, en attendant justice.

1er décembre.

Le parti clérical, blessé dans ses plus chères affections (Gaudin de La Grange, directeur de l'intérieur) et ses vrais soutiens (Buet, rédacteur de la *Malle*) se met alors à agir et fait tant qu'il persuade à l'administration qu'elle avait pactisé avec les malfaiteurs en leur donnant toute latitude au sujet des dégâts commis. Les partisans des jésuites portèrent de vives plaintes.

Un de V... écrivit, le matin du 2 décembre, deux lettres incendiaires au gouverneur. Il le rendait responsable des désordres commis, le sommait de prendre des mesures énergiques, lui annonçant que 500 ouvriers marchaient déjà sur Saint-Denis pour se joindre aux autres, et finalement que les établissements des jésuites étaient promis aux flammes. Le gouvernement se prépare à une défense opiniâtre, met la garnison sur pied, arme des canons et convoque la milice sur la place de l'Hôtel de ville pour cinq heures de l'après-midi. Mais le bruit circule qu'on veut désarmer la milice, et les miliciens refusent de répondre à l'appel. Furieux, le gouverneur se rend à l'Hôtel de ville, où une foule de curieux s'est portée ; jure sur ses grands dieux qu'il n'a jamais voulu désarmer la milice, et la supplie de se rendre à son appel à huit heures.

Mais, comme il s'en retournait chez lui, on lui fit observer qu'une réunion de la milice à cette heure provoquerait encore des mouvements. Il envoie alors annoncer à la foule qu'il s'était trompé, qu'il a voulu dire huit heures du matin, au lendemain. Son envoyé trouva fort peu de personnes sur la place de l'Hôtel-de-Ville. Tout le monde s'était retiré pour dîner.

Et la grande partie de la population, ignorant ces détails, vint à huit heures du soir au lieu du rendez-vous. Qu'y trouva-t-elle? Toute la garnison sur pied et les canons chargés !

On se demande ce que voulait le gouverneur en déployant de

telles forces ? On ignorait, en effet, les menées des jésuites et le contenu des lettres de V...

La foule ne se dissipait pas, croyant que le gouverneur apparaîtrait tôt ou tard.

Le maire arrive avec son écharpe, demande la dispersion des groupes, et, n'étant pas obéi sur le moment, trois coups de clairons se font entendre et trois sommations sont faites.

(Sommations irrégulièrement faites : voir la loi du 7 juin 1848 sur les attroupements, qui demande du tambour et non pas du clairon).

Notez bien que personne n'avait jamais songé à conspirer, que la foule n'avait aucune allure séditieuse, et qu'elle n'était pas armée, et qu'aucun coup de fusil n'a été tiré dans ses rangs, car on l'a prétendu ensuite pour excuser le carnage du 2 décembre. C'est là une calomnie infâme.

Bref, les sommations sont faites; les officiers font avancer les soldats la baïonnette en avant, et ceux qui ont échappé au massacre et qui se trouvaient sur les lieux ont entendu le commandement suivant : Chargez dans les reins, visez à la poitrine.

En voyant une telle manœuvre, la foule se mit à fuir dans toutes les directions. Que font alors les soldats ? Ils poursuivent les fuyards dans toutes les rues latérales, en déchargeant leurs fusils et en achevant même les blessés à coups de baïonnettes.

J'ai essuyé moi-même deux coups de feu sans être atteint, et je n'ai été convaincu que les fusils étaient chargés à balles qu'en voyant tomber un jeune noir. Je l'ai ramassé et porté chez lui; il avait la cuisse traversée d'une balle. Je ne pourrai vous donner de longs détails sur cette nuit : le temps me manque; toujours est-il qu'il y a une vingtaine de morts connus et quatre-vingts et quelques blessés.

Le lendemain, le gouvernement, pour excuser ces atrocités, a prétendu qu'on avait tiré sur les soldats. C'est complètement faux; je puis vous l'affirmer. On a peut-être envoyé des pierres : sur ce point, je ne pourrai rien vous affirmer.

Nous nous serions bien volontiers vengés d'un tel gouvernement, nous l'aurions expulsé; mais il aurait fallu faire des barricades et combattre l'autorité !

Aussi voilà pourquoi nous protestons légalement.

3 décembre.

Depuis le 3 décembre, on accable le gouverneur de protestations. Le malheureux ne fait que pleurer !

A la suite de ces événements, il y a à Bourbon des situations qui ne sont pas tenables. Le gouverneur a demandé son rappel en France.

Notre .... directeur de l'intérieur, de La Grange... part par cette malle (16 décembre). C'est lui qui, sur des renseignements trompeurs, a obtenu du gouverneur l'ordre d'agir contre la population. C'est lui qui a ordonné au maire de faire les sommations.

CORRESPONDANCE DE SAINT-DENIS

Avant le 20 novembre.

L'origine de tout est une grande irritation causée par des articles du journal la *Malle*, signés par un nouveau rédacteur, M. Ch. Buet. Ce jeune homme, qui n'a que vingt-deux ans, a écrit d'une manière outrageante contre M. Jugaud et autres hommes honorables, ce qui a causé une grande indignation. Il y avait donc contre M. Buet une fermentation qui devait faire explosion d'un moment à l'autre. L'étincelle partit du *Moniteur de la Réunion*.

Ce journal révéla, à la charge du rédacteur de la *Malle*, un fait scandaleux, tenu secret depuis quelque temps déjà. La nouvelle s'en répandit à Saint-Denis comme l'éclair, sans rencontrer aucun démenti. Les jeunes gens, déjà irrités et indignés de la manière dont leur professeur avait été traité, saisissent l'occasion et conviennent d'un charivari à donner au sieur Ch. Buet.

Journée du 20 novembre

Dans la soirée du dimanche 20, on se porte en masse au domicile de Buet, qui ne s'y trouvait pas ; on le cherche ailleurs sans plus de résultat. On profère des cris qui motivent l'intervention de la gendarmerie, de la police, du maire, du gouverneur par son état-major, et de quelques détachements de la garnison. Ce tapage se continua jusqu'à onze heures du soir, sans qu'il en survînt rien de fâcheux.

Journée du 30 novembre.

Les jeunes gens ont l'idée de recommencer le lendemain la manifestation de la veille. Alors ils n'étaient plus seuls, car beaucoup de gens sans aveu, bien aises de saisir une occasion de faire du désordre, se joignent à eux. De ce nombre se trouvent beaucoup d'ouvriers, irrités contre l'établissement de la Providence, qu'ils accusent de contribuer à leur misère par la concurrence qu'il leur fait en toutes sortes de travaux. Confondant dans la même haine les directeurs de cet établissement (Pères du Saint-Esprit) et les jésuites, la foule se porte au collége de ces derniers et y commet de grandes déprédations.

Journée du 1er décembre.

M. Jugand, M. Laserve et autres colons influents sur la classe ouvrière provoquent une réunion de la Société Ouvrière dans son local, qui a son siége dans la rue de la Boucherie. Ils haranguent cette réunion, calment les esprits, et la soirée se passe très-tranquillement. On ne se sépara toutefois qu'après avoir formulé des demandes très-exigeantes.

Journée du 2 décembre.

Il se forme dans l'après-midi des rassemblements assez nombreux, composés en grande partie de curieux, sur la connaissance que l'on avait de la convocation à domicile et individuellement des miliciens, en armes et en tenue. On voulait savoir dans quel but, et se renseigner sur le bruit vague du désarmement de la milice. Ce bruit mal intentionné répandait beaucoup d'agitation et causait un grand mécontentement. Le gouverneur le démentit; il dit que c'était une infâme calomnie. Il harangua les miliciens réunis en petit nombre à l'Hôtel de ville, et commit la très-grande faute de leur donner rendez-vous pour huit heures du même soir, au même lieu, en tenue et en armes, pour, disait-il, s'entretenir avec eux. Un peu plus tard, le gouverneur reconnut cette faute, et il envoya à domicile contremander la réunion; mais très-peu de miliciens furent avertis, et les curieux, qui ne l'étaient pas du tout, se réunirent dans la rue de Paris, en groupes inoffensifs, dans le seul but de voir ce qui allait se passer. Ces rassemblements étaient compactes entre la rue de la Compagnie et la rue de la Réunion et au delà.

Mais ils conservaient une attitude calme, et n'étaient aucunement animés de mauvaises intentions. A 9 heures, le maire fait des instances près de ces groupes pour qu'ils se dispersent sans qu'on soit obligé de recourir à la force armée. On ne bouge pas.

La troupe était massée dans la rue de l'Hôpital, prête à agir. On demande qu'elle se retire, et l'ordre lui est donné de reculer de vingt-cinq pas. Mais cela ne fait pas se retirer la foule. A 9 heures et demie, le directeur de l'intérieur donne l'ordre au maire de faire les sommations ; à quoi le maire répond qu'il ne les fera que sur un ordre écrit du gouverneur. Le directeur de l'intérieur va lui-même chercher cet ordre, que le gouverneur ne donne pas. Il dit à M. de La Grange que, venant lui-même de sur les lieux, il est plus à même que le gouverneur d'apprécier le caractère du rassemblement; le gouverneur délègue au directeur de l'intérieur ses pouvoirs pour faire ce qu'il jugera nécessaire. Sur ce, M. de La Grange retourne à l'Hôtel de ville. Il fait connaître au maire le mandat que lui a donné le gouverneur, et le maire lui dit alors de lui donner par écrit l'ordre de faire les sommations, ce qui eut lieu. Avant d'en venir là, le maire des Molières employa de nouveau ses efforts pour convaincre la foule de la nécessité de se retirer : les groupes ne se dissipent pas, la troupe reçoit l'ordre d'intervenir, ce qu'elle a fait avec brutalité et cruauté.

On dit, pour atténuer leur crime, que deux coups de feu ont été tirés et qu'ils ont blessé deux soldats. On dit aussi que la troupe était épuisée de fatigue par trois ou quatre nuits passées sur pied et en armes. Mais cela ne justifie pas la cruauté dont la garnison est accusée, s'il est vrai, comme on l'a dit, que des gens blessés par des balles ont été achevés à coups de baïonnettes ! On frémit d'horreur à la pensée de tels excès. On a vu des pelotons se ranger en bataille au travers des rues qui aboutissent à la rue de Paris et faire des feux de pelotons dont les décharges allaient mutiler de pauvres gens assis bien loin de là, sur leurs portes, et qui n'étaient pas sortis de chez eux ! On compte quinze ou dix-huit morts, dans cette soirée ou des suites de leurs blessures, et il y a encore beaucoup de blessés qui ne sont pas rétablis. De grandes fautes ont été commises par les sommités gouvernementales, et quand enfin l'ordre a été donné de faire feu sur une population inoffensive, qui ne s'était pas attendue à ce qu'on en vînt jamais à tirer à balle sur elle, les chefs n'ont pas contenu l'élan de leurs hommes, et ces troupes ont été cruelles. Il aurait pu y avoir un bien plus grand nombre de victimes sans un hasard providentiel qui a fait que de nombreux coups de fusils n'ont porté qu'en partie.

AUTRE CORRESPONDANCE

2 décembre

Jamais le régime du sabre n'aura mieux prouvé ses entraînements, ses violences, son aveuglement, sa cruauté. La foule attendait ; le gouverneur s'était annoncé pour huit heures, le soir, à l'Hôtel de ville. Il est neuf heures, il ne vient pas, on s'impatiente, on siffle ; on fait ce que fait toujours la foule, et qui ne signifie que murmure, bruit, mouvement. Pourquoi donc l'avoir attirée ? pourquoi surtout, quand on sait cette foule surexcitée par des méfaits qu'elle a cherché déjà, la veille et l'avant-veille, à stigmatiser ? Mais, il faut le dire, elle est là seulement pour voir ce qui va se passer, et aucune mauvaise intention ne l'anime.

Néanmoins, les sommations sont faites ; le clairon parle à la foule, qui ne comprend pas ; la troupe en armes semble attendre avec impatience un signal promis, etc.

Journée du 3 décembre

MM. Adrien Bellier, Laserve, Vinson et autres se rendent près du gouverneur pour lui demander de caserner les troupes et de remettre le service de la place et le maintien de l'ordre à la milice. Hésitations de M. Dupré. Mais la conviction de ces messieurs, énergiquement manifestée, le détermine. Depuis lors, la plus grande tranquillité n'a pas cessé de régner sur tous les points de la cité.

Saint-Denis est en état de siége, ce qui est une singulière anomalie, puisqu'au lieu de l'autorité militaire, ce sont les bourgeois eux-mêmes, les prétendus insurgés, qui sont chargés du soin de l'ordre et de la tranquillité publique.

CORRESPONDANCE DE SAINT-PIERRE.

2 décembre

C'est une vengeance du parti prêtre contre la population entière désarmée et procédant par réclamation et charivari. Le gouverneur ne voyant rien, ne comprenant rien, se laissant surprendre un ordre de dissiper les attroupements par la force, et le directeur de l'intérieur s'empressant de lancer les soldats sur une foule curieuse et sans armes. La troupe furieuse, débandée et lancée en tirailleurs, fusillant à distance ceux qui fuyaient, courant ensuite et achevant à coups de baïonnettes les fuyards dont les balles avaient ralenti la course.

Une pauvre femme, J. B., se rendant à une pharmacie pour chercher des médicaments, est frappée d'une balle à la tête. Le crâne est brisé et la cervelle éparpillée.

Xuart, gendre de Mercher de Saint-Paul, est à Saint-Denis pour affaires : Un enfant est atteint par une balle dans une rue transversale. Xuart veut le secourir. Des soldats accourent, il ne croit pas devoir se déranger de son œuvre philanthropique : un soldat le larde d'un coup de baïonnette ; il est fort, il a saisi le canon du fusil et lutte avec le soldat, un autre soldat vient par derrière et lui perce les reins d'un coup de baïonnette, la douleur lui fait lâcher le fusil, et le premier soldat achève sa victime en lui portant dans le ventre un coup dont il meurt une heure après.

Le maire des Mollières est condamné par l'opinion publique pour avoir fait les sommations et n'avoir pas donné sa démission plutôt que de faire tirer sur ses concitoyens.

La ville a été mise en état de siége, et l'état de siége a été confié à la population contre laquelle il était décrété.

L'administration, pour donner le change et tâcher de justifier sa conduite, fait courir le bruit que les noirs se révoltent et pillent. C'est faux ! On a, ce soir, arrêté quatre-vingt-seize personnes, qu'on a transportées à bord de l'*Indre* et qu'on a relâchées le lendemain, en ne trouvant rien à leur reprocher. Deux seuls ont été retenus et mis en prison, l'un, Charles Milon, parce qu'il avait un revolver dans sa poche ; l'autre, parce qu'il avait un couteau-poignard.

Le calme est à la surface, mais tout le pays s'agite.

Les prêtres et les cléricaux d'un côté et la masse de la population de l'autre.

Les premiers sont disciplinés et s'entendent ; ils savent ce qu'ils veulent. Les autres sont divisés, sans entente, et ne savent pas bien où ils veulent en arriver, à part la question cléricale, sur laquelle tout le monde est d'accord. On ne s'entend pas sur le reste.

On signe des protestations dans tous les quartiers, mais on se presse trop, et, voulant les envoyer par la malle du 19, on n'aura pas autant de signatures qu'on en pourrait avoir si on attendait le courrier suivant.

Le système administratif des colonies est usé jusqu'à la corde.

CORRESPONDANCE VENUE DE SAINT-LOUIS

Avant le 29 novembre.

..... Inutile de te parler des aspirations libérales de notre colonie ; tu connais, par nos compatriotes établis à Paris, les sentiments de liberté et d'indépendance des colons de la Réunion. Mais il faut bien le dire, il existe ici deux partis bien distincts et radicalement opposés : *clérical* et *libéral*. Chacun a ses organes dans la presse : polémiques ardentes entre ces divers journaux. Une de ces feuilles, la *Malle*, de nuance cléricale, s'est fait remarquer par des attaques injurieuses contre les personnes et a indisposé contre le parti qu'elle représente une notable fraction de la population.

Cette irritation a été portée à son comble par la nouvelle d'un acte honteux commis par le rédacteur de la *Malle*. Ce bruit se répand avec la rapidité de l'éclair, et la jeunesse indignée se concerte pour donner un charivari à l'auteur de l'attentat.

Après le 2 décembre.

Voilà les faits, l'opinion jugera. Était-il nécessaire, dans un pays comme le nôtre, sincèrement attaché à la France, et pour quelques troubles, d'employer la force, de faire tirer sur une population sans armes ? A toi d'en juger. Ce que je sais, c'est qu'ici la population est irritée ; des duels sont, dit-on, déjà arrêtés entre les jeunes gens créoles et les officiers qui ont eu le triste privilége de faire fusiller la population.

Le gouvernement semble disposé à nous accorder quelques concessions : l'établissement de la Providence va être mis sur un nouveau pied ; M. Buet part pour France et M. le directeur de l'intérieur, nullement sympathique aux habitants, part pour France.

CORRESPONDANCE DE SAINT-DENIS (D'UNE DAME).

Vous ouvrirez de bien grands yeux, vous croirez que j'ai une absence quand je vous dirai : Saint-Denis est, depuis le 3, en état de siége! Notre petite ville, si calme, si paisible d'ordinaire, objet de mesures aussi énergiques ! C'est inouï, n'est-ce pas? — Malheureusement ce n'est pas sans effusion de sang qu'on en est arrivé là ; dix morts, une quarantaine de blessés, dit-on, presque tous gens inoffensifs et curieux, et qui étaient loin de s'attendre au sort qui les menaçait. De mémoire d'homme, il ne s'était rien passé de semblable dans notre pays, et l'on se demande encore, malgré les jours écoulés, si l'on n'a pas été sous l'influence d'un affreux rêve. Voici en peu de mots ce qui s'est passé.

Ch. Buet, le rédacteur de la *Malle*, était devenu, envers le pouvoir, envers les journaux et ceux qui y écrivaient passagèrement, d'une arrogance insoutenable. Sa dernière polémique avec M. Jugaud avait atteint le paroxysme de l'audace, quand on vient à apprendre que ce fervent catholique, ce défenseur de la religion et de ses ministres, s'est rendu coupable d'une action infâme. Les jeunes gens se concertent et décident qu'ils lui donneront un charivari : ainsi dit, ainsi fait. Presque tous les hommes de la ville, augmentés de noirs qui sortaient de l'instruction de l'Eglise, formaient une foule considérable aux abords de la demeure, et le tapage dut être en conséquence ; le malheur, c'est que l'oiseau était déniché ; de sorte que, ne voulant pas se tenir pour battus, ils allèrent à sa recherche, firent une halte chez le directeur de l'intérieur, qui, dit-on, est le colonel des jésuites : on le hue, on lui dit mille injures, et on va recommencer le même désordre chez M. Collin, prêtre, qui écrit aussi dans la *Malle*, sans trouver ce personnage, et chez les jésuites.

Le second soir, même tapage ; mais la physionomie de la population n'est plus la même : peu de jeunes gens, des masses d'ouvriers et de noirs qui ne parlent plus de Buet, mais du renvoi des jésuites, du directeur de l'intérieur, de la fermeture de la

Providence; ce ne sont plus seulement des cris, mais des grêles de pierres, lancées à la direction de l'intérieur; chez les jésuites qu'on pille et saccage.

A la Providence, même désordre; mais là on avait pris des précautions, et les gendarmes eurent bientôt balayé la foule.

Tout, je crois, se serait calmé si l'on n'avait eu la fâcheuse idée de convoquer la milice pour le lendemain, le soir. — La troupe était sur pied, colonel en tête, deux canons braqués devant l'Hôtel de ville. La foule était nombreuse.

Après les sommations faites par le maire, les plus prudents s'en étaient allés; il ne restait plus grand monde heureusement, quand on a commencé le feu. Cependant les soldats déchaînés poursuivent les fuyards et tirent dans toutes les rues environnantes. Il était neuf heures; les habitants ne dormaient pas encore, et bien des gens se rendant chez eux ont été atteints à une grande distance du théâtre de l'action. — Aussi, je vous laisse à penser l'émotion, l'irritation de la population en apprenant ces tristes événements. On avait fait feu sur des citoyens sans armes, et la plupart étrangers au tumulte!

Le maire et le colonel Massaroli surtout étaient les plus hautement accusés. On a su depuis, par une lettre du directeur de l'intérieur au maire que M. de La Grange acceptait la responsabilité des ordres donnés. Il vengeait probablement les jésuites dont il est le protecteur. Il a eu assez de tact pour juger qu'il n'était plus tolérable ici, et a demandé son congé. Il part rendre compte de sa conduite probablement; il arrangera tout à son avantage.

La troupe reste casernée pendant que la ville veille pour elle; elle mérite d'être sévèrement punie. C'étaient de jeunes conscrits arrivés nouvellement, qui ont pensé montrer beaucoup de bravoure en tuant et massacrant de pauvres gens sans armes. On raconte des infamies de ces braves. Quant au colonel, les noirs l'appellent : *Massacr'à-li*. Sa réputation est faite.

Saint-Denis, 18 *décembre* 1868.

A la troisième page de la lettre, on lit :

Tous les désordres avaient été faits par des noirs. Le lendemain le gouverneur envoie un exprès à Saint-André, à M. Laserve, qui le mande à Saint-Denis. Le chef de la colonie lui confie alors le mandat de calmer le peuple.

(Et comme preuve que cette lettre n'est pas suspecte de partiatialité, nous continuons à citer.)

Le lendemain, le gouverneur a déclaré la ville en état de siège et a convoqué la milice au Jardin de l'Etat, en même temps qu'il engageait les bons citoyens à prendre les armes. On a eu la faiblesse de l'écouter. Il faut dire que Laserve a montré peu d'énergie dans la circonstance, car il a été un des premiers à prendre un fusil et à se rendre à la convocation officielle, sachant que, la veille, le gouvernement avait fait tirer sur des hommes sans défense, etc.

IV.

Examen rapide et discussion des documents qui précèdent

Ce qui ressort en premier lieu des diverses correspondances qu'on vient de lire, c'est leur unanimité dans le récit des faits les plus importants. Bien que puisées aux sources les plus diverses, à peine présentent-elles quelques discordances sur des circonstances accessoires. Avec le rapport officiel, au contraire, elles présentent un tel désaccord sur les points les plus graves, qu'après avoir pris connaissance de ces divers documents et les avoir comparés avec soin, la jeunesse créole de Paris s'est cru le devoir de le signaler dans la lettre suivante, adressée aux journaux :

Monsieur le directeur,

Vous avez bien voulu prêter le concours de votre publicité à la protestation des colons de la Réunion au sujet des événements déplorables du 2 décembre.

Enfants de la colonie, fils, parents, compatriotes des signataires de la protestation, nous venons vous remercier de votre précieux appui et vous prier de nous le continuer.

Nous venons unir nos vœux à ceux de nos compatriotes. Ils réclament avec énergie une enquête. Dans ce but, de tous les points de l'île, de nombreuses pétitions ont surgi ; mais, en raison de l'état de siége, elles n'ont pu trouver jour dans la presse locale.

Nos correspondances particulières sont en désaccord avec le rapport officiel du gouverneur Dupré, et nous ne doutons pas que ce document, s'il eût été publié à la Réunion, n'eût fait évanouir les derniers restes de la confiance que la colonie avait conservée en son chef. C'est donc pour nous un devoir sacré de protester dès ce jour contre ce récit, que nos compatriotes eussent désavoué.

Jusqu'à ce qu'une enquête puisse nous prouver que les torts sont du côté de la population, nous persisterons à flétrir un pareil attentat, un massacre aussi odieux, et nous réclamerons avec énergie que justice soit faite contre ceux qui ont amené ce désastre, et qui, dans un pays jusqu'alors paisible, ont réussi à faire naître des désordres et des haines destinées à mettre le comble aux maux de la colonie.

Veuillez agréer, monsieur le directeur, avec nos remercîments, l'assurance de notre parfaite considération.

Paris, 18 janvier 1869.

Desjardins, étudiant en médecine,
E. Jalabert, ingénieur des arts et manufactures,
H. Laroche, étudiant en droit.
Lepervanche, étudiant en médecine,
Ed. Hubert-Delisle, étudiant en droit,
G. Bellier, étudiant en droit,
A. Hoarau, étudiant en médecine,
Ed. Leroy, étudiant en droit,
L. Hibon, étudiant en médecine,
E. Hoarau-Desruisseaux, étudiant en droit,
A. Gueit, rentier,
Yves Hoarau-Desruisseaux, étudiant en droit,
Ernest Orré, élève de l'École centrale,
F. Paulet, étudiant en médecine,
A. Pierre, étudiant en droit,
A. Arnauld, étudiant en droit,
Julien Bernier, étudiant en droit,
Bourgine, étudiant en droit,
E. Trouette, étudiant en droit,
Quiclet, étudiant en droit,
Barquissau, étudiant en médecine,
Cotteret, étudiant en droit,
Léon Dierx, homme de lettres,
Numa Ycard, avocat à la Cour impériale,
Nicolas, artiste,
Rieul, licencié en droit.

Le rapport du gouverneur est fait avec le soin et la *circonspection* que commande la grave responsabilité qui lui incombe vis-à-vis du gouvernement métropolitain. Mais on voit à sa seule lecture combien les faits accomplis l'embarrassent.

Le rapport ne signale pour causes de ces faits que les excès de la presse locale. Mais ces excès ne sont que le résultat de polémiques violentes qui ne touchent à l'administration que pour attaquer ou défendre ses faveurs exagérées, au bénéfice de l'un des deux partis. Nous pouvons donc constater dès à présent que la politique générale y est complétement étrangère. Quant à ces préférences de l'administration intérieure, elles ne sont que trop évidentes, d'après les plaintes que nous trouvons formulées dans nos correspondances et d'après les témoignages oraux que nous avons pu recueillir si souvent.

En présence de cet état de choses, est-il bien vrai, sincèrement, que le gouverneur soit moins satisfait que la population du retour en France de M. le directeur de l'intérieur Gaudin de La Grange?

Pour nous, il est incontestable que la démission de ce fonctionnaire en présence de l'animadversion générale eût suffi à prévenir tout désordre; tant les esprits étaient étrangers à toute idée de rébellion.

Ces mêmes faits qui provoquent les polémiques des journaux, qui soulèvent l'émotion populaire, sont la cause véritable de ces troubles suscités par un incident d'une importance tellement secondaire qu'en des temps de prospérité il eût passé inaperçu, flétri seulement du mépris des honnêtes gens de tous les partis.

En effet, quels sont les cris de cette foule que l'on dit

insurgée : le rapport officiel ne le dit-il pas? « Vive l'Empereur, vive le gouverneur ; » et d'après d'autres correspondances « à bas La Grange, à bas les jésuites ! » Voilà la vérité ; il ne s'agissait pas simplement de querelles de journaux, mais de légitimes causes de mécontentement contre un fonctionnaire abusant de ses pouvoirs. C'est à lui que s'adresse la manifestation dissipée par la seule présence du gouverneur, dont la personne et l'autorité n'ont pas cessé d'être un seul instant l'objet du respect et de la vénération.

Quant au seul délit véritable produit par cette agitation populaire, nous voulons parler des faits relatifs à l'établissement des Pères jésuites et à l'établissement de la Providence, n'est-il pas à ce moment même accompli par la lie de la population, comme le témoignent les arrestations opérées ?

Une lacune importante, une omission inexplicable est à signaler dans le rapport officiel, c'est l'intervention efficace de M. Laserve, intervention réclamée même par le gouverneur, disent certaines personnes, mais que, dans tous les cas, il n'a pas pu ignorer.

En effet, la circulaire signée par MM. Laserve et J. de Cordemoy, est autorisée par le procureur général, par intérim, Diavet ; elle a pour effet de provoquer la réunion de plus de 2,000 personnes dans le local de la Société Ouvrière, et ce n'est que le soir, dit le rapport officiel, que ce fait arrive à la connaissance du gouverneur ! Comment l'admettre? Comment comprendre qu'en des circonstances pareilles, une réunion aussi nombreuse, et, qui plus est, autorisée, ne soit connue du gouverneur qu'après sa dispersion !

Comment se fait-il d'ailleurs que ce fait si caractéristique soit complétement omis dans le rapport officiel? Le gouverneur se borne à dire qu'il a, seulement dans la soirée, appris que deux réunions nombreuses, d'un caractère pacifique, avaient eu lieu, et qu'une députation de quatre personnes venait lui faire connaître les vœux qui allaient lui être présentés.

Voilà donc la population rentrée dans le calme et procédant par les voies légales, sous l'inspiration de deux amis de l'ordre. — Voudrait-on diminuer le mérite de leur intervention?

Quoi qu'il en soit, le calme était rétabli ; il semblait qu'on eût atteint le terme de cette crise inquiétante. Comment se fait-il donc que, le lendemain matin, paraît l'ordre de la réunion de la milice. Quelle est la cause de cette convocation inutile?

Ici encore existe une lacune dans le document officiel; mais les révélations de l'*Univers* nous permettent de la combler : ce sont les deux lettres suivantes de M. P. de Villèle, don l'effet sur le gouverneur se comprend aisément, bien que toutefois sa police eût dû le renseigner suffisamment.

Saint-Denis, 1er décembre 1868.

Monsieur le gouverneur,

J'ai eu l'honneur de me présenter hier soir à votre hôtel, pour réclamer en faveur du Collége des Jésuites, où je fais élever mes enfants, la protection que l'autorité doit à tous les membres de la sociét .

Vous veniez de quitter le Gouvernement pour aller apaiser l'émeute.

Cette démarche, où je reconnais votre caractère, n'aurait-elle pas dû être précédée d'ordres donnés depuis le matin pour prévenir ou paralyser un mouvement révolutionnaire dont les commencements dataient de la vieille, et dont la continuation était annoncée pour ce soir-là?

Il peut se faire que les bruits de la veille, que ces menaces et cette préméditation d'émeute, fussent ignorés de votre gouvernement. L'autorité est si peu aimée de nos jours! Ami de l'autorité, parce qu'elle émane de Dieu et qu'elle a été donnée aux administrateurs pour le bien de tous, je viens appeler votre attention sur des faits déplorables, que vous ignorez peut être, et vous prévenir des menaces proférées hier et des crimes promis pour aujourd'hui.

J'ai entendu, de mes oreilles, les cris forcenés d'adieu poussés aux portes du collége des Pères jésuites. Ces cris étaient ceux-ci: « A demain au soir le reste! A demain au soir! »

On attend des quartiers, dit-on, quatre à cinq cents hommes de renfort pour le brigandage nocturne. Je dis brigandage, car c'est la première fois qu'une émeute se calme ainsi et se réchauffe. s'éteint le jour pour recommencer la nuit.

Le Collége des Pères jésuites est promis aux flammes.

Je vous répéterai, monsieur le gouverneur, que j'ai mes enfants dans cette école, que j'ai choisie pour leur éducation. Je suis résolu à ne pas les en retirer devant ces menaces, et j'irai plutôt moi-même me réunir à eux et attendre de ces amis de la liberté le sort réservé au citoyen honnête, dont l'existence et les droits ne sont plus protégés.

Qu'ai-je, en effet, vu hier soir dans les rues de Saint-Denis?

Le désordre partout, l'autorité nulle part; un maire muet et consterné, sur la porte d'un conseiller général insulté et menacé; un chef de la police parlementant avec l'émeute; des soldats assistant, l'arme au bras, à des scènes de désordre dont devait s'indigner leur courage, et constatant, par leur seule présence, la nullité des ordres donnés.

Pendant que la direction de l'intérieur était assiégée, j'entrai au premier rang des émeutiers, sur les morceaux des portes brisées, dans l'emplacement des Pères suites.

Représentez-vous, monsieur le gouverneur, les angoisses d'un père devant ces cris forcenés, ces bras levés, ces menaces proférées à deux pas de la couche troublée de ses enfants; blessé dans ce qu'il a de plus cher au moral, ses convictions religieuses; menacé dans ce qu'il a de plus précieux, les jours de ses fils. Et, pendant que les Pères multipliaient leurs efforts pour faire comprendre à ces forcenés l'injustice de leur conduite, je me voyais obligé de déserter un poste où tout pourtant devait me retenir, pour aller moi-même demander au gouvernement un secours qui pourrait arriver trop tard !

C'en est fait de l'autorité si la répression ne se fait pas ce soir. On s'est essayé sur de simples particuliers hier soir ; ces manifestations vous demanderont autre chose : peut-être la suppression du journal des catholiques, peut-être le renvoi des jésuites, et demain !...

Demain ! le sac de l'établissement colonial de la Providence, le riz à bon marché, le partage de la fortune publique.

Les droits de tous les citoyens sont menacés par les succès croissants de l'émotion révolutionnaire qui agite la ville. C'est le droit que nous, catholiques (*cléricaux*), nous avons d'être catholiques, qui nous est contesté ; ce qu'on veut, on nous l'a dit :

« Que Dieu en débarrasse la colonie de la Réunion, comme » il en a débarrassé l'Espagne ; surtout qu'ils ne reviennent » plus ! »

Qu'allons-nous devenir si les exemples donnés dans la capitale se propagent dans les campagnes, et si les ateliers, mal nourris, peu payés, passent une nuit de l'*abstention* dont ils usent encore modérément à une activité dans le genre de celle-ci ?

Je vous adjure, monsieur le gouverneur, de ne pas fléchir devant des tyrannies manifestées de la sorte, et je réclame des pouvoirs dont vous êtes investi, les précautions et les secours que nous avons le droit d'en obtenir pour la sécurité de nos biens, la sauvegarde de nos existences et le respect de nos consciences.

Je suis avec respect, etc.

PAUL DE VILLÈLE.

Saint Denis, 2 décembre 1868.

Monsieur le directeur,

La population paisible de Saint-Denis a vu, hier au soir, avec satisfaction, le déploiement des moyens pris par votre gouvernement pour assurer, pendant la nuit, la sécurité de la ville. Cette sécurité n'a point été troublée, et le calme revenu pourrait faire douter de la tempête qui l'a précédé. Malheureusement il s'est produit, simultanément aux mesures que vous preniez, un fait sans doute ignoré de vous, mais qui va, si vous n'y prenez garde, confisquer au profit d'ambitions dangereuses et osées le bénéfice du succès obtenu.

MM. Laserve et Jacob de Cordemoy ont eu l'audace de faire afficher sur nos murs une proclamation adressée aux habitants de Saint-Denis, les invitant à s'abstenir des manifestations tumultueuses de la veille et de l'avant-veille, pour venir signer dans les bureaux du *Journal du Commerce* une pétition où seraient exposés leurs griefs et leurs réclamations.

Moi, citoyen français, soumis aux lois, je trouve humiliant ce sans-gêne de tribuns, et je trouve que vous, monsieur le gouverneur, vous devez le juger au moins illégal et attentatoire à votre autorité.

S'il a suffi des dispositions ostensiblement prises dans la soirée pour amener le calme dont nous avons pu jouir cette nuit, la pétition, annoncée par l'affichage illégal de la proclamation Laserve et de Cordemoy, n'est qu'une forme nouvelle et déguisée du mouvement, qui ne serait alors qu'en partie réprimé ; elle doit être poursuivie à ce titre. La ville y aura déjà gagné de voir clair dans ces agitations sorties des ténèbres pour se produire au grand jour.

Si, au contraire, on peut laisser croire que c'est à l'illégale proclamation de MM. Laserve et de Cordemoy qu'est dû le calme dont nous jouissons, votre autorité, monsieur le gouverneur, est perdue dans notre esprit, et votre révocation sera le premier résultat obtenu par la pétition : ces messieurs vous auront étouffé dans leurs embrassements.

. . . .

. . . .

Je viens donc encore une fois, monsieur le gouverneur, au nom de nos droits de citoyens, réclamer de vous les mesures suffisantes pour que l'émeute, chassée de la rue, ne soit pas réorganisée dans les bureaux du *Journal du Commerce*, et je n'hésite pas à proclamer que sous cette dernière forme, moins horrible, mais plus dangereuse, notre liberté se trouve plus sérieusement menacée et plus honteusement compromise.

Ces avertissements d'un cœur dévoué ne peuvent vous être

suspects, monsieur le gouverneur ; mais je suis contraint de vous déclarer que, si la victoire remportée si aisément cette nuit sur le désordre est ainsi confisquée au profit de la révolution, nos consciences et nos voix vous en rendront personnellement responsable devant le gouvernement de l'Empereur.

Je suis avec respect, monsieur le gouverneur, votre très-humble et très-dévoué serviteur.

PAUL DE VILLÈLE.

Où donc ont pu être puisés de pareils renseignements ? Comment excuser un pareil langage, de telles menaces et de semblables insinuations !

Le gouverneur abusé, ordonne la convocation de la milice. Rien de mieux. Mais pourquoi cette forme insolite ? Pourquoi cette convocation à domicile et pour ainsi dire isolément, au lieu de la forme ordinaire ? Peut-on s'étonner après cela que, dans cette foule à peine apaisée, inquiète encore, le soupçon d'un piége puisse s'accréditer ?

En effet, le bruit se répand qu'on veut désarmer la milice, et quelques miliciens isolés répondent seuls à l'appel. La populace leur répète qu'on veut les désarmer, les siffle et leur jette même des pierres. C'est en vain que leur chef veut les désabuser ; à l'arrivée du gouverneur, ils ont tous disparu pour faire place à de simples curieux,

Cependant le gouverneur harangue la foule, qui l'écoute en silence et se sépare sur son ordre. Malheureusement il a convoqué la milice pour 8 heures du soir, sans encore indiquer le but de cette réunion ; pourquoi ce silence qui, malgré ses dénégations énergiques et loyales, laisse subsister de vagues inquiétudes ? Pourquoi surtout cette heure tardive ? Il se ravise, mais trop tard, et les ordres communiqués par son aide de camp ne sont entendus que de quelques retardataires. Aussi, à l'heure dite, la foule, exacte au rendez-vous, se rassemble aussi nombreuse que dans l'après-midi. D'ailleurs elle s'est grossie de tous les promeneurs, qui viennent jouir d'un splendide clair de lune.

Mais, au lieu du gouverneur, que trouve-t-elle? Des troupes massées, flanquées de leurs batteries, et au milieu d'elles ces soldats disciplinaires, rebut de l'armée, que de nombreux désordres et excès ont appris à redouter. C'est par la seule présence de ces hommes (et c'est à l'honneur du drapeau français que nous relevons ce fait) qu'on peut expliquer l'atrocité de certains actes commis dans la soirée, et peut-être même la possibilité du massacre.

Cependant la foule attend en vain le gouverneur; elle s'impatiente, s'agite; des cris s'élèvent; des lazzis s'échangent contre les soldats, et bientôt contre le directeur de l'intérieur, qui s'est rendu sur les lieux et semble s'interposer entre elle et le gouverneur, dont la présence est réclamée à grands cris.

Mais au milieu d'elle, pas une arme; rien qui puisse exciter les susceptibilités des soldats ou les craintes des autorités. A plusieurs reprises, le maire pénètre au milieu d'elle pour l'exhorter à se retirer, et M. de La Grange peut impunément la traverser pour se rendre au Gouvernement.

Et pourtant, M. de La Grange va solliciter de son chef l'ordre de l'exécution, et le supplie de ne pas se rendre à l'appel de la foule, malgré la demande du maire lui-même. Mais comment taire une réflexion qui s'impose? comment ne pas se rappeler que c'est ce même homme, le directeur de l'intérieur, qui depuis trois jours se voit poursuivi par les huées de la foule! Pourrait-il jurer en son âme et conscience qu'en un pareil moment, poursuivi encore par ces mêmes imprécations, il n'a pas obéi à un sentiment de représailles?...

Mais que penser de l'imprévoyance du gouverneur qui lui confie un tel mandat!

Une enquête seule, et une enquête parlementaire, pourrait les décharger de la lourde responsabilité qui les accable.

Les sommations ont été faites; mais ont-elles été comprises? N'était-ce pas le moment de se rappeler qu'on enseignait pour la première fois à cette foule ignorante les allures des révolutions?

Quoi qu'il en soit, c'est de cette même foule, fusillée sans défense, poursuivie et dispersée à coups de baïonnettes, que sont sortis le lendemain les défenseurs de l'ordre et de l'autorité, les gardiens de la cité. — En effet l'irritation produite par cette répression intempestive était devenue telle, qu'un véritable danger public devenait imminent, — si des hommes dont le cœur est à la hauteur de tous les devoirs n'avaient pris l'énergique initiative d'obtenir du gouverneur le casernement des troupes dont la présence irritait la foule indignée. Ces citoyens dévoués, ce sont encore les mêmes qui, deux jours auparavant, ont apaisé le tumulte en convoquant le peuple à une manifestation pacifique. Mais le rapport officiel dédaigne de les nommer.

Une garde civique se constitue immédiatement à l'appel du gouverneur, et la population présente ce spectacle qui ne manque pas de grandeur, celui d'un état de siége gardé par ceux mêmes contre lesquels il a été décrété; et par là, le gouvernement et les soldats sont préservés des vengeances de la population de couleur. Ce sont ces motifs, bien mieux que la fatigue des soldats (comme le dit le rapport officiel), qui ont nécessité le casernement des trois cents soldats qui composaient toute cette garnison.

En présence d'un tel spectacle, est-il possible d'avancer que cette population est infectée de l'esprit de désordre, qu'elle a besoin du régime du sabre, et qu'elle serait incapable de se garder et de se gouverner?

Qui pourra le croire?

Dès l'abord, une première réflexion se présente relativement à ces faits accomplis. Comment les administrateurs n'ont-ils pas prévu qu'une détresse extrême, des griefs légitimes, des aspirations repoussées devaient, à la première occasion, amener des troubles?

Comment ont-ils pu, connaissant le caractère de la population et ses sentiments, croire à une révolte contre l'autorité elle-même? Nous l'avons vu, ce mot de sédition à main armée est une accusation parfaitement injuste. Nous avons vu également quelles fautes successives ont amené le conflit: convocation inopportune et sans objet utile de la milice locale, après l'apaisement de la population; convocation nouvelle pour une heure de nuit, commandée, décommandée trop tard; la volonté du gouverneur flottante, dans le cours de ces événements, entre les inspirations les plus opposées; son abstention de se présenter à l'appel des citoyens qu'il avait réunis, et malgré le désir du maire formellement exprimé; remise de ses pleins pouvoirs de répression à un homme dont les passions sont irritées par l'animadversion générale dont il est l'objet ; répression par des troupes fatiguées d'un service forcé de plusieurs jours, surexcitées, pleines de colère, et encore, dit-on, par des consommations de rhum.

Tout cela ne pouvait qu'aboutir à une fatale issue.

Aujourd'hui, mettons un moment par la pensée, hors de considération, les sentiments d'humanité. Les violences sauvages exercées à Saint-Denis étaient-elles nécessaires ? avaient-elles un but utile ?

Le premier point se juge de lui-même.

Quant au second, il suffit de se rappeler qu'il s'agit d'une population qui, en majorité et sans arrière-pensée, avait accepté l'Empire, qui, même au milieu de sa surexcitation la plus vive, acclamait l'Empereur et son représentant ; ne demandait que la présence de ce dernier au milieu d'elle, que sa parole et sa direction.

Et cette population sans défense, nous ne saurions trop le répéter, a été frappée, fusillée au nom du souverain qu'elle invoquait. Est-ce donc là le rôle des délégués de la métropole, ou celui des proconsuls de l'ancienne Rome ? Et quel est le résultat ? On a semé la désaffection, la discorde, la haine, là où existaient l'union, la confiance, le respect. — Fonctionnaires français, ils ont jeté, comme monument sinistre de leur passage au pouvoir, d'amers et ineffaçables souvenirs de mort sur un sol vierge jusque-là de toute trace sanglante, dans ses révolutions et dans ses transformations sociales.

Si, par malheur et trop souvent, la liberté naît dans le sang répandu, un espoir suprême reste aux colonies :

c'est que les satrapies lointaines et sans contrôle y prendront fin; c'est que les créoles, Français d'outre-mer, Français de cœur et d'origine, cesseront d'être à la merci des erreurs, des passions et des faiblesses de leurs chefs immédiats.

Si elles avaient des représentants au Corps législatif; à l'intérieur, des corps constitués provenant de l'élection, leurs gouvernants y trouveraient un appui aussi bien qu'un contre-poids; ils comprendraient alors leur responsabilité vis-à-vis de la nation entière et de son chef; en réalité, ils ne relèvent aujourd'hui que de l'appréciation d'un ministre naturellement imbu d'idées toutes militaires, et qui, nécessairement encore, est plus celui de la marine que celui des colonies.

IV

Sénatus-consulte qui règle la Constitution des Colonies de la Martinique, de la Guadeloupe et de la Réunion.

(*Du* 3 *mai* 1854)

TITRE Ier

DISPOSITION APPLICABLE A TOUTES LES COLONIES

Art. 1er. L'esclavage ne peut jamais être rétabli dans les Colonies françaises.

TITRE II

DISPOSITIONS APPLICABLES AUX COLONIES DE LA MARTINIQUE, DE LA GUADELOUPE ET DE LA RÉUNION

2. Sont maintenus, dans leur ensemble, les lois en vigueur et les ordonnances ou décrets ayant aujourd'hui force de loi :

1° Sur la législation civile et criminelle ;
2° Sur l'exercice des droits politiques ;
3° Sur l'organisation judiciaire ;
4° Sur l'exercice des cultes ;
5° Sur l'instruction publique ;
6° Sur le recrutement des armées de terre et de mer ;

3. Les lois, décrets et ordonnances ayant force de loi ne peuvent être modifiés que par des sénatus-consultes, en ce qui concerne ;

1° L'exercice des droits politiques ;
2° L'état civil des personnes ;
3° La distinction des biens et les différentes modifications de la propriété ;

4° Les contrats et les obligations conventionnelles en général ;

5° Les manières dont s'acquiert la propriété par succession, donation entre vifs, testament, contrat de mariage, vente, échange et prescription ;

6° L'institution du jury ;

7° La législation en matière criminelle ;

8° L'application aux colonies du principe de recrutement des armées de terre et de mer.

4. Les lois concernant le régime commercial des colonies sont votées et promulguées dans les formes prescrites par la Constitution de l'Empire.

5. En cas d'urgence, et dans l'intervalle des sessions, le Gouvernement peut statuer sur les matières mentionnées en l'article 4 par décrets rendus dans la forme de règlement d'administration publique ; mais ces décrets doivent être présentés au Corps législatif, pour être convertis en lois, dans le premier mois de la session qui suit leur publication.

6. Les décrets de l'Empereur rendus dans la forme de règlements d'administration publique statuent :

1° Sur la législation en matière civile, correctionnelle et de simple police, sauf les réserves prescrites par l'article 3 ;

2° Sur l'organisation judiciaire ;

3° Sur l'exercice des cultes ;

4° Sur l'instruction publique ;

5° Sur le mode de recrutement des armées de terre et de mer ;

6° Sur la presse ;

7° Sur les pouvoirs extraordinaires des gouverneurs, en ce qui concerne les mesures de haute police et de sûreté générale ;

8° Sur l'administration municipale, en ce qui n'est pas réglé par le présent sénatus-consulte ;

9° Sur les matières domaniales ;

10° Sur le régime monétaire, le taux de l'intérêt ;

11° Sur l'organisation et les attributions des pouvoirs administratifs ;

12° Sur le notariat, les officiers ministériels et les tarifs judiciaires ;

13° Sur l'administration des successions vacantes.

7. Les décrets de l'Empereur règlent :

1° L'organisation des gardes nationales et des milices locales ;

2° La police municipale ;

3° La grande et la petite voirie ;

4° La police des poids et mesures ;

Et, en général, toutes les matières non mentionnées dans les articles précédents, ou qui ne sont pas placées dans les attributions des gouverneurs.

8. Les décrets de l'Empereur peuvent ordonner la promulgation, dans les colonies, des lois de la métropole concernant les matières énumérées dans l'article 6.

9. Le commandant général et la haute administration, dans les colonies de la Martinique, de la Guadeloupe et de la Réunion, sont confiés, dans chaque colonie, à un gouverneur, sous l'autorité directe du ministre de la marine et des colonies.

Le gouverneur représente l'Empereur ; il est dépositaire de son autorité. Il rend des arrêtés et des décisions pour régler les matières d'administration et de police, et pour l'exécution des lois, règlements et décrets promulgués dans la colonie.

Un conseil privé consultatif est placé près du gouverneur. Sa composition est réglée par un décret.

10. Le conseil privé, avec l'adjonction de deux magistrats désignés par le gouverneur, connait du contentieux administratif dans les formes et sauf les recours établis par les lois et les règlements.

11. Le territoire des colonies de la Martinique, de la Guadeloupe et de la Réunion est divisé en communes.

Il y a dans chaque commune une administration composée du maire, des adjoints et du conseil municipal.

Les maires, adjoints et conseillers municipaux sont nommés par le gouverneur.

12. Un conseil général nommé, moitié par le gouverneur, moitié par les membres des conseils municipaux, est formé dans chacune de trois colonies.

Le mode d'élection et le nombre de membres de chaque conseil général, ainsi que la durée des sessions, sont déterminés par décret de l'Empereur, rendu dans la forme d'un règlement d'administration publique.

13 Le conseil général vote :

1° Les dépenses d'intérêt local ;

2° Les taxes nécessaires pour l'acquittement de ces dépenses et pour le payement, s'il y a lieu, de la contribution due à la métropole, à l'exception des tarifs de douanes, qui seront réglés conformément à ce qui est prévu aux articles 4 et 5 ;

3° Les contributions extraordinaires et les emprunts à contracter dans l'intérêt de la colonie.

Il donne son avis sur toutes les questions d'intérêt colonial dont la connaissance lui est réservée par les règlements, ou sur lesquelles il est consulté par le gouverneur.

Les séances du conseil général ne sont pas publiques.

14. Il est pourvu, dans les trois colonies, par des crédits ouverts au budget général de la métropole aux dépenses de gouvernement et de protection concernant les matières ci-après, savoir :

Gouvernement,
Administration générale,
Justice,
Culte,
Subventions à l'instruction publique,
Travaux et service des ports,
Agents divers,
Dépenses d'intérêt commun,
Et généralement les dépenses dans lesquelles l'Etat aura un intérêt direct.

Toutes autres dépenses demeurent à la charge des colonies. Ces dépenses sont obligatoires ou facultatives, suivant une nomenclature fixée par un décret de l'Empereur.

15. Les colonies dont les ressources contributives seront reconnues supérieures à leurs dépenses locales pourront être tenues de fournir un contingent au Trésor public.

Les colonies dont les ressources contributives seront reconnues insuffisantes pour subvenir à leurs dépenses locales pourront recevoir une subvention sur le budget de l'Etat.

La loi annuelle des finances règlera la quotité du contingent imposable à chaque colonie, ou, s'il y a lieu, la quotité de la subvention accordée.

16. Les budgets et les tarifs des taxes locales, arrêtés par le conseil général, ne sont valables qu'après avoir été approuvés par les gouverneurs, qui sont autorisés à y introduire d'office les dépenses obligatoires auxquelles le conseil général aurait négligé de pourvoir, à réduire les dépenses facultatives, à interdire la

perception des taxes excessives ou contraires à l'intérêt général de la colonie, et à assurer, par des ressources suffisantes, l'acquittement des dépenses obligatoires, et spécialement du contingent à fournir, s'il y a lieu, à la métropole.

Le mode d'assiette et les règles de perception seront déterminés par des règlements d'administration publique.

17. Un comité consultatif est établi près du ministre de la marine et des colonies. Il se compose : 1° de quatre membres nommés par l'Empereur ; 2° d'un délégué de chacune des trois colonies choisi par le conseil général.

Les délégués ne peuvent être choisis parmi les membres du Sénat, du Corps législatif et du conseil d'Etat, ni parmi les personnes revêtues de fonctions rétribuées. Ils reçoivent une indemnité; ils sont élus pour trois ans et rééligibles.

Les attributions du comité consultatif des colonies et l'indemnité des délégués sont fixées par décret de l'Empereur.

Un ou plusieurs membres nommés par l'Empereur seront chargés spécialement par le ministre de la marine et des colonies de remplir l'office de délégués pour les diverses colonies auxquelles il n'est pas encore accordé de constitution.

TITRE III

DES AUTRES COLONIES FRANÇAISES

18. Les colonies autres que la Martinique, la Guadeloupe et la Réunion, seront régies par décret de l'Empereur, jusqu'à ce qu'il ait été statué à leur égard par un sénatus-consulte.

TITRE IV

DISPOSITIONS GÉNÉRALES

19. Les lois, ordonnances, décrets et règlements en vigueur dans les colonies, continuent à recevoir leur exécution, en tout ce qui n'est pas contraire au présent sénatus-consulte.

Sénatus-consulte portant modification du sénatus-consulte du 3 mai 1854, qui règle la Constitution des colonies de la Martinique, de la Guadeloupe et de la Réunion.

(Du 4 juillet 1866.)

Art. 1er. Le conseil général statue :

1° Sur les acquisitions, aliénations et échanges des propriétés mobilières et immobilières de la colonie, quand ces propriétés ne sont pas affectées à un service public ;

2° Sur le changement de destination ou d'affectation des propriétés de la colonie, lorsque ces propriétés ne sont pas affectées à un service public ;

3° Sur le mode de gestion des propriétés de la colonie ;

4° Sur les baux de biens donnés ou pris à ferme ou à loyer, quelle qu'en soit la durée ;

5° Sur les actions à intenter ou à soutenir au nom de la colonie, sauf dans le cas d'urgence, où le gouverneur peut intenter toute action ou y défendre, sans délibération préalable du conseil général, et faire tous actes conservatoires ;

6° Sur les transactions qui concernent les droits de la colonie ;

7° Sur l'acceptation ou le refus des dons et legs faits à la colonie sans charges ni affectation immobilière, quand ces dons et legs ne donnent pas lieu à réclamation ;

8° Sur le classement, la direction et le déclassement des routes ;

9° Sur le classement, la direction et le déclassement des chemins d'intérêt collectif, la désignation des communes qui doivent concourir à l'entretien de ces chemins et les subventions qu'ils peuvent recevoir sur les fonds coloniaux, le tout sur l'avis des conseils municipaux ;

10° Sur les offres faites par les communes, par des associations ou des particuliers, pour concourir à la dépense des routes, des chemins ou d'autres travaux à la charge de la colonie ;

11° Sur les concessions, à des associations, à des compagnies ou à des particuliers, de travaux d'intérêt colonial ;

12° Sur la part contributive de la colonie dans la dépense des travaux à exécuter par l'Etat et qui intéressent la colonie;

13° Sur les projets, plans et devis des travaux exécutés sur les fonds de la colonie;

14° Sur les assurances des propriétés mobilières et immobilières de la colonie;

15° Sur l'établissement et l'organisation des caisses de retraite ou autres modes de rémunération, en faveur du personnel autre que le personnel emprunté aux services métropolitains.

Le conseil général vote également les taxes et contributions de toute nature nécessaires pour l'acquittement des dépenses de la colonie.

Les délibérations prises sur ces diverses matières sont définitives et deviennent exécutoires si, dans le délai d'un mois à partir de la clôture de la session, le gouverneur n'en a pas demandé l'annulation pour excès de pouvoir, pour violation d'un sénatus-consulte, d'une loi ou d'un règlement d'administration publique.

Cette annulation est prononcée, sur le rapport du ministre de la marine et des colonies, par décret de l'Empereur rendu dans la forme des règlements d'administration publique.

2. Le conseil général vote les tarifs d'octroi de mer sur les objets de toute provenance, ainsi que les tarifs de douane sur les produits étrangers, naturels ou fabriqués, importés dans la colonie.

Les tarifs de douanes votés par le conseil général sont rendus exécutoires par décrets de l'Empereur, le Conseil d'Etat entendu.

3. Le conseil général délibère :

1° Sur les emprunts à contracter et les garanties pécuniaires à consentir;

2° Sur l'acceptation ou le refus des dons et legs faits à la colonie en dehors des conditions spécifiées au paragraphe 7 de l'article 1er;

3° Sur le mode de recrutement et de protection des immigrants;

4° Sur le mode d'assiette et les règles de perception des contributions et taxes;

5° Sur les frais de matériel des services de la justice et des cultes : sur les frais de personnel et de matériel du secrétariat du gouvernement, de l'instruction publique, de la police générale, des ateliers de discipline et des prisons;

6° Sur le concours de la colonie dans les dépenses des travaux qui intéressent à la fois la colonie et les communes;

7° Sur la part de la dépense des aliénés et des enfants assistés à mettre à la charge des communes et sur les bases de la répartition à faire entre elles sur le règlement d'admission dans un établissement public des aliénés dont l'état n'est pas compromettant pour l'ordre public et la sûreté des personnes;

8° Sur l'établissement, le changement ou la suppression des foires et marchés.

Un règlement d'administration publique déterminera le mode d'approbation des délibérations prises par le conseil général en vertu du présent article.

4. Le conseil général donne son avis :

Sur les changements proposés à la circonscription du territoire des arrondissements, des cantons et des communes, et à la désignation des chefs-lieux;

Sur les difficultés relatives à la répartition de la dépense des travaux qui intéressent plusieurs communes;

Et, en général, sur toutes les questions d'intérêt colonial dont la connaissance lui est réservée par les règlements ou sur lesquelles il est consulté par le gouverneur.

5. Le buget de la colonie est délibéré par le conseil général et arrêté par le gouverneur.

Il comprend :

1° Les recettes de toute nature, autre que celles provenant de la vente ou de la cession d'objets payés sur les fonds généraux du trésor, et des retenues sur les traitements inscrits au budget de l'Etat;

2° Toutes les dépenses autres que celle relatives :

Au traitement du gouverneur,

Au personnel de la justice et des cultes,

Au service du trésorier payeur,

Aux services militaires.

6. Des subventions peuvent être accordées aux colonies sur le budget de l'Etat.

Des contingents peuvent leur être imposés jusqu'à concurrence des dépenses civiles maintenues au compte de l'Etat par l'article ci-dessus et jusqu'à concurrence des suppléments coloniaux de la gendarmerie et des troupes.

La loi annuelle de finances règle la quotité de la subvention accordée à chaque colonie, ou du contingent qui lui est imposé.

7. Le budget des dépenses est divisé en deux sections comprenant :

La première, les dépenses obligatoires ;

La seconde, les dépenses facultatives.

Sont obligatoires :

Les dettes exigibles ;

Le minimum des frais de personnel et de matériel de la direction de l'intérieur, fixé par décret de l'Empereur ;

Les frais de matériel de la justice et des cultes ;

Le loyer, l'ameublement et l'entretien du mobilier de l'hôtel du gouverneur ;

Les frais de personnel et de matériel du secrétaire du gouvernement, des ateliers de discipline et des prisons ;

La part afférente à la colonie dans les frais de personnel et de matériel de l'instruction publique et de la police générale et dans les dépenses des enfants assistés et des aliénés ;

Le casernement de la gendarmerie ;

Le rapatriement des immigrants à l'expiration de leur engagement ;

Les frais d'impression des bugets et comptes des recettes et des dépenses du service local et des tables décennales de l'état civil ;

Les contingents qui peuvent être mis à la charge de la colonie, conformément à l'article 6.

La première section comprend, en outre, un fonds de dépenses diverses et imprévues, dont le ministre détermine, chaque année, le minimum, et qui est mis à la disposition du gouverneur.

8. Si les dépenses obligatoires ont été omises ou si le gouverneur, en conseil privé, estime que les allocations portées pour une ou plusieurs de ces dépenses sont insuffisantes, le gouverneur y pourvoit provisoirement à l'aide du fonds de dépenses diverses et imprévues.

En cas d'insuffisance de ce fonds, il en réfère au ministre qui, sur sa proposition, inscrit d'office les dépenses omises ou augmente les allocations.

Il est pourvu par le gouverneur, en conseil privé, à l'acquittement de ces dépenses au moyen soit d'une réduction des dépenses facultatives, soit d'une imputation sur les fonds libres, ou, à défaut, par une augmentation du tarif des taxes.

9. Les dépenses votées par le conseil général à la deuxième

section du budget ne peuvent être changées ni modifiées par le gouverneur, sauf dans le cas prévu par l'article précédent et à moins que les dépenses facultatives n'excèdent les ressources ordinaires de l'exercice après prélèvement des dépenses obligatoires.

Le ministre de la marine et des colonies prononce définitivement sur ces changements ou modifications.

10. Si le conseil général ne se réunissait pas ou s'il se séparait sans avoir voté le budget, le ministre de la marine et des colonies l'établirait d'office, sur la proposition du gouverneur, en conseil privé.

11. Les séances du conseil général ne sont pas publiques.

Le conseil général peut ordonner la publication de tout ou partie de ses délibérations ou procès-verbaux. Le nom des membres qui ont pris part aux discussions n'est pas mentionné.

Le conseil général peut adresser directement au ministre de la marine et des colonies, par l'intermédiaire de son président, les réclamations qu'il aurait à présenter dans l'intérêt spécial de la colonie, ainsi que son opinion sur l'état et les besoins des différents services publics de la colonie.

12. Sont abrogés les articles 13, 14, 15 et 16 du sénatus-consulte du 3 mai 1854 et les dispositions des articles 4 et 5, en ce qu'elles ont de contraire au présent sénatus-consulte.

PÉTITION AU SÉNAT

(QUI SE SIGNE ACTUELLEMENT A LA RÉUNION)

Messieurs les Sénateurs,

La colonie de la Réunion présente de nouveau à votre tribunal la défense de ses droits.

Un premier et un second échec ne l'ont pas découragée, et elle sollicite, pour la troisième fois, la réforme politique qui lui a été refusée jusqu'à ce jour, et dont elle éprouve plus vivement que jamais l'impérieux besoin.

En persistant à plaider devant vous une cause qui semble condamnée, nous n'encourons pas le reproche d'opposition aux lois fondamentales de l'Etat, dont vous êtes les gardiens, puisque c'est au nom de ces lois elles-mêmes que nous protestons contre celles qui nous gouvernent.

Notre système politique, en effet, est une barrière entre la France et nous ; et, en revendiquant notre part du droit national, nous témoignons hautement de notre amour pour la mère-patrie et pour ses institutions.

Comment notre patriotisme ne serait-il pas blessé au contraste, humiliant pour nous, qu'offre avec ces institutions le régime auquel nous sommes soumis?

Tandis que de la base au sommet de la Constitution métropolitaine le suffrage universel préside à l'organisation de la puissance publique, le suffrage, même restreint, est banni de notre code politique, comme si la colonie de la Réunion était une simple possession, et non une partie intégrante, quoique modeste, de l'Empire.

Sans doute, l'autorité de notre haute administration n'a jamais été et ne saurait jamais être oppressive ; mais, quelles que soient la modération, la bienveillance et l'équité qu'un gouverneur apporte dans l'exercice de son pouvoir, ce pouvoir, en lui-même, n'en est pas moins la négation des principes de tout gouvernement représentatif.

Au chef de la colonie seul appartient le choix des membres de nos conseils municipaux, et il partage avec ses propres élus le droit de choisir les membres de notre conseil général; en sorte qu'il est l'unique électeur véritable, chargé de former les assemblées au sein desquelles se discutent nos intérêts, et que cette prétendue représentation du pays n'est au fond qu'une forme nouvelle de l'action gouvernementale, propre à donner le change à l'opinion et à diminuer la responsabilité de la haute administration, sans rien diminuer de son omnipotence.

Le sénatus-consulte de 1866 n'a introduit dans ce système aucune modification vraiment libérale; il l'a plutôt aggravé : car, en étendant les attributions du conseil général, il n'a fait qu'accroître la puissance du gouvernement, dont le conseil général est une émanation.

Ainsi, la colonie de la Réunion a des tuteurs et des avocats d'office ; elle n'a point de représentants réels, point de défenseurs de son choix, aussi bien en face du pouvoir colonial qu'en face du pouvoir métropolitain.

Et comment s'exerce ce semblant de représentation locale? Quel est son effet moral sur le pays? Le voici : Les délibérations du conseil général sont secrètes, ses débats anonymes ; délibérations et débats suivis de résolutions dont la presse ne peut être que l'écho tardif, accompagné parfois de critiques inutiles. L'esprit public, privé d'aliment, languit et s'éteint pour faire place à l'indifférence politique, qui amène, à son tour, le règne de l'individualisme et le triomphe des instincts égoïstes.

Un tel système est-il digne de nous; et ne devons-nous pas rougir, quand nous comparons notre condition à celle de nos pères, ou simplement à celle d'un pays récemment conquis, l'Algérie?

Quoi! sous le règne du droit divin, personnifié dans Louis XIV, les colons français étaient, à ce titre seul, considérés comme gentilshommes; et sous le règne national personnifié dans Napoléon III, ces colons, jadis nobles, ne sont plus même citoyens, puisqu'il ne leur est pas permis de choisir leurs représentants et leurs mandataires!

Quoi! les Arabes, soumis par les armes de la France, ont obtenu d'elle un régime électif et libéral, et nous, Français, nous qui avons toujours montré à la mère patrie un dévouement filial, ce régime nous est refusé, comme si nous étions incapables de le supporter!

Oui, par le sang et par le cœur, nous sommes les enfants de la France; mais par les lois et les institutions, nous sommes ses sujets, rien de plus!

Si le souvenir de notre origine et la fierté innée de nos sentiments ne nous préservaient de l'oubli de notre dignité, la déchéance politique dont nous sommes frappés eût, depuis longtemps, entraîné notre déchéance morale et fait d'une population généreuse une vile multitude.

Le régime auquel nous sommes soumis ne blesse pas seulement notre légitime orgueil, il lèse aussi et au même degré nos légimes intérêts.

Si la colonie de la Réunion est tombée du comble de la prospérité dans une détresse profonde; si son agriculture, son industrie et son commerce sont aux abois, si son trésor épuisé ne suffit même plus aux dépenses obligatoires de ses services publics, la cause première, la cause essentielle d'un tel état de choses, c'est, nous osons le dire, le système politique qui nous gouverne.

Sans doute, un système plus libéral n'eût pas entièrement conjuré les fléaux qui sont venus fondre sur nous ; mais il eût permis, dans les jours prospères, de donner au pouvoir des avertissements efficaces et de le prémunir contre les dangers d'une aveugle confiance. Quand les mauvais jours sont arrivés, il eût, en réveillant l'esprit public, inspiré aux vrais représentants du pays des résolutions fortes et salutaires et communiqué à tous les citoyens cette énergie virile qui dompte l'adversité, ou du moins résiste à ses coups.

Qu'avons-nous vu, au contraire, depuis que le système actuel est en vigueur? Nous avons vu des administrations et des assemblées auxquelles ne manquaient ni la volonté du bien, ni le patriotisme, mais la prévoyance d'un côté et de l'autre l'indépendance et l'autorité que donne à ses élus le suffrage populaire, laisser grandir l'orage, sans rien tenter pour l'éloigner, sans même l'apercevoir ou le signaler, jusqu'au moment où il a éclaté sur le pays.

Nous avons vu une population intelligente et amie du progrès, mais détournée, malgré elle, des mâles devoirs de la vie publique, abandonner par découragement le soin de ses destinées à un pouvoir qui, ayant toute initiative, devait avoir aussi toute responsabilité et chercher dans la poursuite ardente du bien-être et de la richesse l'exercice d'une activité et l'aliment d'une ambition qui ne trouvaient pas à se satisfaire plus noblement.

Ainsi s'est faite peu à peu, par la faute des institutions bien plus que par la faute de la nature ou celle des hommes, une situation désastreuse pour le pays et pour le gouvernement lui-même.

Voulez-vous, messieurs les Sénateurs, sauver cette colonie et acquérir des droits éternels à sa reconnaissance? Faites qu'elle obtienne un régime politique d'accord avec ses aspirations et ses besoins, c'est-à-dire « le suffrage universel appliqué à l'élection » de députés qui la représentent au Corps législatif, ainsi qu'à la » formation de ses conseils municipaux et de son conseil général,

» et le droit, pour ce dernier, de statuer sur toutes les questions » d'intérêt purement local. »

Français, nous demandons, à ce titre, d'être régis par les lois constitutionnelles de la France. Habitants d'une colonie lointaine, nous demandons, en raison des exigences de notre situation géographique et de notre système économique, toute la part d'autonomie compatible avec ces mêmes lois.

A ces conditions, mais à ces conditions seulement, notre pays peut se relever de son abaissement et de ses ruines,

Nous cherchons en vain quelles objections sérieuses les adversaires de la réforme coloniale pourraient opposer à une requête si naturelle et si juste.

Dira-t-on que le besoin d'unité dans les lois ne permet pas d'accorder à l'île de la Réunion des institutions que les Antilles repousseraient, si elles leur étaient offertes? L'unité, en politique, est un bien, quand elle résulte de l'accord des sentiments et des volontés; elle est un mal, quand elle leur fait violence.

La diversité est aussi une condition de l'harmonie ; et la France a reconnu ce principe, quand elle a soumis ses colonies à un régime politique qui n'était pas le sien.

Elle a fait plus: dans ce régime exceptionnel lui-même, elle a établi des différences, puisqu'elle a enlevé le droit de suffrage à la Réunion et aux Antilles, pour en doter l'Algérie. Que coûterait-il donc d'étendre l'application de ce principe et d'accorder à chaque colonie le droit qui lui convient ?

Mais est-il bien vrai que les Antilles repousseraient, pour leur compte, la réforme que nous sollicitons? Nous ne le croyons pas. Des faits récents prouvent que la Guadeloupe et la Martinique ont les mêmes aspirations, forment les mêmes vœux que la Réunion, et nous avons la ferme confiance qu'elles s'associeront avec empressement à la manifestation patriotique dont nous prenons encore une fois l'initiative.

Notre état intellectuel répond-il mal à notre ambition? et sommes-nous encore trop peu éclairés pour exercer nos droits civiques et gérer nous-mêmes nos propres intérêts? De tous les reproches qu'on pourrait être tenté de nous adresser, celui-là serait le plus injuste. Une colonie qui, sur un budget de quatre à cinq millions, consacre annuellement six à sept cent mille francs, c'est-à-dire le septième environ de ses dépenses générales à l'instruction de ses enfants, et cela au milieu des difficultés d'une crise prolongée, une telle colonie témoigne éloquemment de l'intérêt et de la part qu'elle prend au progrès des lumières, et, sous ce rappport du moins, n'a rien à envier à aucun département de l'empire.

Quant à notre éducation politique, elle n'est pas non plus à faire ; et nos anciens conseils coloniaux, formés par l'élection, ont montré en toute circonstance une sagesse pratique à laquelle le gouvernement métropolitain a plus d'une fois rendu justice.

Est-ce, enfin, notre état social qui ne comporte pas des institutions plus libérales? Evoquera-t-on sans cesse contre nous le fantôme de l'esclavage, afin de nous effrayer, en nous montrant l'arme terrible du suffrage universel remise aux mains des nouveaux citoyens? L'esclavage, dont nous expions injustement l'iniquité, l'esclavage, nous le proclamons bien haut, n'a laissé aucune trace dans nos mœurs, n'a légué aucun ressentiment aux affranchis de 1848 et à la génération qui est sortie d'eux.

La transformation sociale qui les a faits libres s'est accomplie sans trouble ; au lendemain de leur affranchissement, ils ont eu entre les mains cette arme du suffrage universel que l'on craint de leur confier aujourd'hui, et ils s'en sont servis, comme nous, avec nous, pour le bien et l'honneur du pays.

Et c'est après une telle épreuve, c'est après vingt années de concorde, que des divisions funestes pourraient éclater entre eux et nous ! Non, ces craintes sont chimériques; elles sont injurieuses pour les uns comme pour les autres. Les nouveaux citoyens sont nos égaux devant la loi, devant l'opinion et devant le malheur; eux et nous ne formons, depuis longtemps, qu'une seule société, dont tous les membres ont les mêmes intérêts, revendiquent les mêmes droits.

Ces intérêts et ces droits, messieurs les Sénateurs, nous les plaçons derechef sous votre haute protection, et nous attendons désormais avec confiance le triomphe d'une cause qui est celle de la justice, et qui invoque en sa faveur ces immortels principes de 89 que la France a mission de répandre dans le monde, mais dont elle doit, avant tout, bénéfice à ces populations lointaines qui se glorifient aussi du nom français.

Paris. — Imp. de Dubuisson et Ce, 5 rue Coq-Héron.

www.ingramcontent.com/pod-product-compliance
Ingram Content Group UK Ltd.
Pitfield, Milton Keynes, MK11 3LW, UK
UKHW031920260826
14628UKWH00003B/1321

9 782019 133672